CW00918195

ISBN 978-0-260-00973-9
PIBN 10921949

For support please visit www.forgottenbooks.com

LA FRANCE,

L'ÉMIGRATION,

ET LES COLONS.

IMPRIMERIE DE HUZARD-COURCIER,
Rue du Jardinet, n° 12.

LA FRANCE,

L'ÉMIGRATION,

ET LES COLONS;

PAR M. DE PRADT,

ANCIEN ARCHEVÊQUE DE MALINES.

TOME PREMIER.

PARIS,

BÉCHET AINÉ, LIBRAIRE-ÉDITEUR,
QUAI DES AUGUSTINS, No 57.

1824.

TABLE

DES CHAPITRES.

TOME PREMIER.

Dédicace aux émigrés,   Page 1

Notice sur les ouvrages qui ont servi de base à cet ou-
    vrage,   10

Division de l'ouvrage en trois parties,   18

PREMIÈRE PARTIE.

CHAP. 1er.   Légitimité du titre de l'ouvrage,   21

CHAP. II.   Nécessité et opportunité de l'ouvrage,   28

CHAP. III.   Nature réelle de la question,   31

CHAP. IV.   Mode habituel de la discussion de la question
    de l'indemnité,   36

CHAP. V.   Mode habituel de discuter les questions,   39

CHAP. VI.   Nouveauté et étendue de la question de l'in-
    demnité,   45

DEUXIÈME PARTIE

Droit public.

CHAP. VI.   Droit d'émigration en général   Page 11

CHAP. VII. L'émigration française a-t-elle commis en soi et en tant que telle une faute   17

CHAP. IX.   L'indemnité de l'émigration question de droit public   34

CHAP. X.   Droit de guerre en général.   40

CHAP. XI.   Droit d'armer contre la patrie   49

CHAP. XII. Droit d'appeler l'étranger, et de lui ouvrir le territoire   57

CHAP. XIII. Droit de fomenter des partis dans l'intérieur   71

CHAP. XIV. Droit de changer de parti, et d'user de ses pouvoirs contre lui-même   76

CHAP. XV.   Droit des citoyens hors du territoire   80

CHAP. XVI. Confiscation. Ses diverses natures.   82

CHAP. XVII. Signes de la liberté des Princes.   89

CHAP. XVIII. Temps et lois révolutionnaires.   106

TROISIÈME PARTIE.

CHAP. XIX. Avertissement.   113

Historique de l'émigration. — Premier récit de M. le marquis d'Ecquevilly.   119

Mémoires de M. d'Ecquevilly,   117

CHAP. XX. Historique de la confiscation, Page 125

Observations sur les deux historiques, 128

CHAP. XXI. Confiscation comme temps et lois révolutionnaires, 134

CHAP. XXII. Époque véritable de la guerre de l'Émigration; son caractère, 139

CHAP. XXIII. Comment l'Émigration s'est formée, 147

CHAP. XXIV. Droits et faits en général de l'Émigration, 155

CHAP. XXV. Droits de l'Émigration hors du territoire, 161

CHAP. XXVI. Droit de l'Émigration de s'armer, d'appeler
les étrangers, et de céder le territoire, 162

CHAP. XXVII. De l'Émigration par rapport à la légitimité, 173

CHAP. XXVIII. Second récit de M. le marquis d'Ecquevilly
sur l'Émigration, 176

CHAP. XXIX. Pourquoi l'Émigration s'est adressée aux
princes absolus, 179

CHAP. XXX. De l'Angleterre relativement à l'Émigration, 181

CHAP. XXXI. Comment l'étranger et la France ont jugé l'É-
migration comme système politique, 185

CHAP. XXXII. But de l'armement de l'Émigration, 190

CHAP. XXXIII. L'Émigration pouvait-elle réussir? 196

CHAP. XXXIV. Part de l'Émigration dans les excès de la
révolutio

(viij)

CHAP. XXXV. L'Émigration était-elle autorisée par le
             Roi?   Page 237

CHAP. XXXVI. Quels étaient les devoirs de la France à
             l'égard de l'Émigration,   246

CHAP. XXXVII. Motifs de la demande de l'indemnité. L'op-
             position à la révolution,   252

CHAP. XXXVIII. Le dévouement de l'Émigration,   273

CHAP. XXXIX. Les dangers du séjour en France pour l'É-
             migration,   285

CHAP. XL.   Les avantages retirés par l'État de la vente
             des biens,   290

CHAP. XLI.   Considérations d'utilité publique,   292
             De la dernière plaie de la révolution, 293

CHAP. XLII. L'intérêt du sol,   298

CHAP. XLIII. Le vœu des acquéreurs,   303

TOME SECOND.

CHAP. XLIV. Les intérêts de la morale,   305

CHAP. XLV.   Résumé des chapitres précédens,   309

CHAP. XLVI. État réel de la fortune de l'Émigration; ses
             emplois, ses traitemens,   310

CHAP. XLVII. L'Émigration forcée et fictive,   318

CHAP. XLVIII. Prêtres déportés,   320

CHAP. XLIX. Confiscation des protestans,   324

(ix)

CHAP. L.   Armée de Condé,   Page 325
CHAP. LL.   Amnistie,   338
CHAP. LII.   Prescription,   342
CHAP. LIII.   Catégorie des droits des diverses confisca-
               tions,   344
CHAP. LIV.   Compte à faire,   348
CHAP. LV.   Parallèle de la Vendée avec l'Émigration, 349
CHAP. LVI.   Effet de la première émigration et confisca-
               tion sur les autres émigrations et confis-
               cations,   353
CHAP. LVII.   Nécessité de définir le titre réel de la de-
               mande de l'indemnité,   356
CHAP. LVIII.   Nécessité de fixer la somme de l'indemnité
               avant d'en adopter le principe,   362
CHAP. LIX.   Somme nécessaire pour l'indemnité,   364
CHAP. LX.   Mode d'évaluer l'indemnité. Réclamations
               qui en suivront,   366
CHAP. LXI   Emploi national de la somme exigée pour
               l'indemnité,   372
CHAP. LXII.   De la générosité supposée à la Nation fran-
               çaise, et des réductions des dépenses,   379
CHAP. LXIII.   Conséquences de l'indemnité; l'indemnité,
               question gratuite,   391
CHAP. LXIV.   L'indemnité. Loi du vainqueur,   397
CHAP. LXV.   L'indemnité, Loi privative à l'égard de la

France, inconnue partout ailleurs ?   ...

CHAP. XXV.   L'indemnité ....

CHAP. XXVI   L'indemnité ....

CHAP. XXVII   De l'indemnité ....

CHAP. XXIX   De l'indemnité par rapport aux intérêts de la ....

CHAP. XXX   De l'indemnité par rapport à l'esprit de la Restauration.   ...

CHAP. XXX   De l'indemnité par rapport à la fortune publique de la France. — État réel de la richesse de la France.   435

CHAP. LXXII   Présens faits à l'Emigration,   462

CHAP. LXXIII   Du Juge de l'indemnité.   467

CHAP. LXXIV.   L'indemnité, question de politique autant que de justice,   479

CHAP. LXXV.   Conséquences bizarres de l'indemnité.   400

CHAP. LXXVI   Autre bizarrerie.   404

CHAP. LXXVII   Que faut-il faire ?   496

CHAP. LXXVIII.   Moyens d'indemnité proposés par M. de Châteaubriand,   501

CHAP. LXXIX.   Esprit de l'indemnité d'après M. de Châteaubriand,   504

CHAP. LXXX. Seule propriété susceptible d'être indemnisée d'après M. de Châteaubriand, P. 505

CHAP. LXXXI. Des mots *Propriété* et *Spoliation,* d'après M. de Châteaubriand, 507

CHAP. LXXXII. Aperçu général sur l'ouvrage de M. Châteaubriand, 510

CHAP. LXXXIII. Proposition de M. le duc de Tarente, 515

CHAP. LXXXIV. Conséquences du système de M. de Châteaubriand, 518

CHAP. LXXXV. Qui demande l'indemnité? 520

CHAP. LXXXVI. Moyens de connaître le vœu de la France sur l'indemnité, 523

CHAP. LXXXVII. Qui doit payer l'indemnité? 526

— Résumé, 527

LA FRANCE ET LES COLONS.

CHAP. Ier. Du droit des Colons à une indemnité payable par la France, 551

CHAP. II. Ce que la France a déjà fait pour les Colons, 561

CHAP. III. Somme nécessaire pour l'indemnité des Colons, 563

CHAP. IV. Moyen d'évaluer la somme de cette indemnité, 567

CHAP. V. Parallèle des Colons avec l'Émigration, 569

Post-scriptum, 571

Pièces, 574

FIN DE LA TABLE.

ERRATA.

Pag. 5, ligne 6, au peuple, lisez un peuple
    79.   3. en remontant, ôtez, lisez la vue
    398.   13. 1812, lisez 1802
    409.   1. ne pouvoir, lisez pouvoir
    414.   3. par quoi, lisez pourquoi
    418.   13. celui-ci, lisez l'impôt
    429.   23. *liberateur*, lisez *libérateur*
    438.   2. un grand nombre, lisez beaucoup
    503.   2, à un État, lisez à l'État

DÉDICACE.

AUX ÉMIGRÉS.

FRAPPE, *mais écoute,* disait à son général levant la main sur lui, un célèbre Athénien (1). Unissant ainsi les devoirs de la subordination avec les droits de la justice et de la raison, émigrés, je vous dirai aussi, Condamnez-moi, mais que ce ne soit qu'après m'avoir lu. Vous dédier cet ouvrage est rendre un hommage éclatant aux qualités qui vous distinguent ; c'est parce que vous êtes des hommes religieux et moraux, que je dois croire que vous ne pouvez vouloir que la justice ; c'est parce que vous êtes Français, que je dois croire que vous rejetteriez avec indignation des avantages personnels qui résulteraient des dommages de votre patrie ; c'est parce que vous êtes des hommes d'honneur, que je ne puis vous prêter la pensée de tendre à prévaloir contre elle *quoquo modo*, et à faire du pouvoir que vous avez acquis dans l'État le moyen de vous créer des titres contre lui ; c'est parce que vous êtes royalistes, que je suis convaincu que vous sacrifierez tout, plutôt

_____

(1) Thémistocle.

Ire Partie.

[texte illisible, fortement dégradé] ... elle aussi pourrait peut-être croire qu'elle a [...] quelques [...] à vous [...]. [...] vous a rapprochés d'elle; faites qu'elle ne puisse avoir que des motifs de s'en féliciter, et la cultiver et de [...] les [...] également utiles à elle et à vous. On a toujours plus besoin de l'affection d'un peuple que de son argent : votre vrai tresor est dans le cœur des Français; vous auriez tout à perdre à vous enrichir de leur or, en vous appauvrissant de leur amour. Ne bornez pas vos vues au temps présent, il est fugitif; embrassez aussi les âges à venir, et songez que si vous avez les siècles derrière vous, vous les avez aussi devant vous.

Je le sens, et je me le suis dit cent fois : placer un écrit sur l'indemnité de l'émigration entre la statue de Pichegru et le monument de Quiberon, peut n'être pas de ce qu'on appelle vulgairement de l'*à-propos*; ce n'est pas un titre de faveur. Le cortége des suites et des dangers attachés à un tel contraste, avec les circonstances du moment, a passé devant mes yeux, mais sans arrêter mes regards; j'ai dû les porter plus haut, vers la vérité, la justice et la patrie; là est mon cœur, là se trouvent mes appuis, là reposent les objets de mon culte. Mais cet amour de la justice et de la patrie n'est point un amour sauvage qui ferme le cœur au malheur, et qui fait transgresser les convenances; les Brutus, bourreaux de leurs fils, ne sont pas mes hommes : ne craignez donc pas de rencontrer ici rien qui déroge au respect dû à une collection d'hommes, l'élite d'une grande nation; croyez, au contraire, que, dans cet écrit, tout sera marqué au coin de cette sensibilité qu'inspire ce genre d'infortune qui fait passer d'une carrière d'honneurs sociaux et de richesse souvent employée à de nobles usages, à un abîme de douleurs : spectacle déchirant pour quiconque porte un cœur humain.

Ce que je disais (1) il y a déjà quelques années, je le répète ici : *Quel est l'homme qui, connaissant*

_____

(1) L'Europe et l'Amérique, 1821, 2 vol. in-8°. Chez Béchet aîné.

[illegible]

[illegible] les plus fortes sont ordinairement celles qui ont été les moins réfléchies; peut-être qu'à l'aspect du monde nouveau, ouvert devant vous, vous serez également étonnés de ce que l'on vous a dit et de ce que l'on a oublié de vous dire.

Les intérêts de la justice et de la patrie, avec leur empire irrésistible, ont pu seuls vaincre ma répugnance à entrer dans cette discussion : ce n'est que lorsque l'évidence avec sa clarté a frappé mes yeux, lorsqu'elle est arrivée à la certitude qu'ont les propositions mathématiques, que ma résistance est tombée. J'ai été vaincu par elle :

croyez que j'ai senti combien était triste cette
tâche, combien il en coûte pour arrêter la main
qui s'avance pour saisir un bien long-temps dé-
siré, au moment où il semble s'offrir de lui-
même. Mais le droit et la patrie ont aussi des
exigences ; et celle-ci peut-elle rester sans défenseurs ? la loi en assigne d'office à celui qui, n'a
pu s'en procurer. Honte au citoyen qui pouvait
le défendre, ne s'offrirait pas de lui-même pour
le faire. Dans cet écrit, je n'ai voulu user que des
armes fournies par des chefs que vous révériez,
par des frères d'armes que vous considérez, ou
par des témoins irréprochables à vos propres yeux.
De mon côté, à quel titre vous serais-je suspect?
Dans l'assemblée constituante, j'ai soutenu votre
cause; déporté par les lois du temps, je me suis
trouvé associé à votre exil, à votre dépouillement, à vos dangers. Deux fois j'ai tout perdu
par la révolution; famille, fortune, carrière, tout
y a péri pour moi. Si vous avez été dévoués à
Louis XVI et à sa famille (1), il m'est permis de

---

(1) J'en appelle au témoignage de l'homme qui a donné
à Louis XVI les preuves du dévouement le plus illimité,
le plus courageux, le plus désintéressé, et dont le noble
caractère et les sentimens patriotiques répondent à l'éclat
du nom, M. le duc de Choiseul, pair de France. Il est

penser que je ne vous ai pas cédé sur cet article ;
si vous le serviez sur le Rhin , j'en faisais autant
à Paris, dans la périlleuse année de 1792: là étaient
les vrais dangers. Sûrement vous ne me refuserez
pas de reconnaître que j'ai pris à la restauration
autant de part que vous. Vous n'avez donc aucune raison de récuser mon témoignage ou
d'accuser mes intentions. Votre cause est la
mienne. Pascal a dit : *J'aime les témoins qui se
font égorger :* eh bien ! je suis un de ces témoins.
Mais cet intérêt personnel me laisse, pour m'occuper de cette question, une liberté d'esprit égale
à celle avec laquelle j'ai traité de l'Amérique et
de la Grèce, qui me touchent de moins près que
vous. Il est un point commun dans lequel se réunissent tous les intérêts, celui de la justice et de
la vérité. Je crois en avoir dit assez pour vous
prouver le prix que j'attache à votre affection et à
votre estime, et pour pouvoir m'assurer à moi-
même que si je ne réussis pas à retenir la totalité
de l'une, j'aurai du moins acquis des droits à
celle de l'autre. Si, chez vous, tout m'impose le
devoir d'honorer des vertus, la raison seule peut

---

un fait relatif à l'établissement connu sous le nom du
ministère jacobin, le 10 mars 1792 , dont aujourd'hui la
connaissance est concentrée entre lui seul et moi.

me faire celui d'embrasser et de défendre vos systèmes politiques. J'adresse à votre justice ces dernières paroles : *Mon travail n'a pas pour but de vous priver d'indemnités*, mais de rechercher si c'est à la France que vous avez à en demander, et si c'est à elle à les payer. Voilà tout mon ouvrage en deux mots. Puissent tous ceux qui s'occuperont du même sujet, porter dans son examen l'impartialité, le calme et la modération qui ont présidé à la composition de celui que je vous offre. Vous devez croire qu'une cause qui touche tous les intérêts et tous les faits de notre âge, ne peut manquer de devenir l'objet de l'occupation générale, et que hors du cercle des intérêts privés, elle ne doive se présenter avec de grands désavantages. Soyez assurés que c'est vous servir que d'en faire, comme dans cet écrit, l'objet d'une pure discussion de *droit et d'intérêt public*. Les hautes considérations sont très propres à faire perdre de vue, et à voiler les difformités des questions purement privées.

multitude. et. dans le meme esprit d'impartialite. il expose aussi les actes insurrectionnels de la noblesse en province. et les intentions de la cour contre le clerge et la noblesse. Il va jusqu'à rapporter les paroles i, adressees par le garde-des-sceaux Lamoignon. à une deputation du chapitre de Notre-Dame de Paris : *Les parlemens, la noblesse et le clergé ont osé resister au Roi : avant deux annees , il n'y aura plus ni parle-mens , ni noblesse , ni clergé.* Paroles correspon-dantes à celles que le cardinal de Lomenie adres-sait de son côté à M. l'abbe de Montesquiou. alors agent general du clerge. qui etant venu lui faire part de la délibération du clergé relative à un don gratuit de 1.300.000 fr., recut pour reponse : *Puisque le clerge et la noblesse se séparent du Roi, qui est leur protecteur naturel , il faut qu'il se jette dans les bras des communes pour les écra-ser tous les deux par elles :* preuve certaine de l'existence de ces projets contre les deux ordres, et que les insurrections populaires contre eux, sont provenues d'excitations superieures. M^mme Cam-pan et M^mme de Larochejaquelin ne laissent aucun doute sur la manière dont le Roi et la Reine envi-sageaient l'émigration armee. non plus que sur

---

(1) Page 18.

l'esprit de l'émigration. De son côté, le baron de Besenval, introduit dans l'intérieur du palais et montre le jeu de la machine et les mains dans lesquelles, en définitive, résidait le pouvoir réel. A l'aspect de ces intrigues, d'évènemens bien fâcheux pour la dignité du trône, de la mobilité et de l'impuissance des plans, de l'absence des hommes d'état qu'une terre comme épuisée avait cessé de produire, de l'abîme des finances, de la dissolution générale des mœurs, de la déconsidération politique de la France ; si l'on s'étonne encore de quelque chose, ce n'est pas que la France ait éprouvé une révolution, mais qu'elle ne l'ait pas subie plus tôt. Les corps les plus robustes résistent à de longs excès, mais ils finissent par y succomber. Les Mémoires de Condé présentent les nobles sentimens inséparables du nom illustre de l'auteur. On reconnaît avec satisfaction la généreuse indignation contre l'abaissement, les paroles d'une fierté mâle et courageuse ; mais comment ne pas regretter une partie des jugemens et des aperçus qui sont la base des plans proposés, et de l'appréciation d'un grand nombre d'articles politiques ? Ainsi, l'on est fort surpris de l'importance capitale attachée à l'action de l'Espagne et de la Sardaigne ; de la facilité supposée à l'Angleterre de s'emparer d'une partie de la

passions qui partout dominent les hommes et
donnent leurs couleurs propres à leurs actions.
Ainsi, l'assassinat de M. de Marigny flétrit tous
les lauriers de Stofflet, et la froide (1) et atroce
cruauté de M. de Marigny souille ses grandes qualités et dessèche les larmes que provoque sa cruelle
destinée. De plus, l'ouvrage de Mme de Larochejaquelin démontre qu'il ne s'est point passé un
seul instant sans qu'il fût tramé contre le gouvernement de Napoléon. Cette dame entre là-dessus
dans les détails les plus circonstanciés; elle va
jusqu'à nommer des officiers - généraux, commandans de département, qui, sous l'uniforme
de Napoléon, agissant en son nom, vivant de ses
appointemens, s'étaient engagés avec elle pour
un autre service. De pareilles assertions, faites
par d'autres, auraient pu les conduire devant
les tribunaux. En lisant ces écrits, on sent que,
pour tout connaître d'un côté, il faut que, de

---

(1) M. de l'Escure, homme d'un caractère angélique et
d'une douceur inaltérable, reprochait à M. de Marigny sa
cruauté, et lui en prédisait les funestes suites. Il lui disait :
Marigny, tu es trop cruel, tu périras par l'épée. L'Évan-
gile, loi de douceur, ennemi de la violence, a dit : *Celui
qui tire l'épée, périra par l'épée.* Mémoire de Larochejaquelin, pag. 182.

Ire Partie.

l'autre, ou puisse croire se glorifier sans danger, en disant tout ce que l'on a fait. Le temps des indiscrétions est celui de la sécurité.

DIVISIONS DE L'OUVRAGE.

On n'écrit que pour se faire entendre ; un bon classement de toutes les parties du sujet est donc le meilleur moyen d'être bien entendu. Cette attention nécessaire, quelle que soit la matière que l'on traite, l'est encore plus pour le sujet qui nous occupe : car il faut écarter et prévenir tout malentendu, comme tout ce qui peut y prêter. Dans cette intention, j'ai partagé cet écrit en trois divisions : la première présente des préliminaires propres à faire connaître la nature ainsi que l'intention de cet écrit ; la seconde est consacrée à l'examen des principes du droit public, relatifs à l'acte particulier de l'émigration, et de l'indemnité qu'elle réclame ; la troisième fait l'application de ces principes, et déduit les conséquences de l'indemnité. Ici, comme il s'agit d'un procès, j'ai dû me rapprocher, autant qu'il est possible, de la manière de procéder dans les affaires civiles. Exposer la cause, établir les principes, les appliquer au cas particulier, et conclure.

Telle est la marche naturelle en toute affaire, la plus propre à la placer dans son jour véritable; c'est aussi celle que j'ai suivie : l'importance de la cause m'en faisait la loi, car on n'a pas tous les jours à prononcer sur des centaines de millions, ni entre une nation et ses membres.

La nature des choses a fait, d'une partie de cet ouvrage, une espèce de traité de droit public, de ce droit que l'Europe cherche à s'approprier, et qui est controversé en sens contraire par les gouvernemens, comme nous le voyons, depuis le congrès de Troppau. Je n'ai pas la prétention de dogmatiser, ni d'imposer mes opinions à personne. Je cherche la vérité, et de bonne foi : si j'erre, qu'on me le montre, je ne sais pas résister à la vérité démontrée: d'ailleurs, de nos jours, les erreurs de cette nature ne sont pas dommageables; séparées du pouvoir, elles ne sont rien, elles disparaissent devant les lumières dont les nouvelles sociétés abondent. Des erreurs lancées au milieu d'elles, n'ont pas plus d'efficacité qu'un trait jeté sur une phalange couverte de ses boucliers : qu'on me pardonne cette expression; des peuples tels que les Français et les Anglais sont comme cuirassés de lumières; les traits s'émoussent sur ce rempart; quand la société s'occupe de la répression de la presse, elle n'entend la faire porter que sur les

provocations directes et évidentes contre les personnes et l'ordre public. A quoi bon des procès
sur les mots, dans un pays où les trois quarts des
lecteurs en savent autant et plus quelquefois que
les auteurs eux-mêmes ?

LA FRANCE

ET

L'ÉMIGRATION.

CHAPITRE PREMIER.

Légitimité du titre de l'ouvrage.

Je me dois à moi-même cet article. Il n'est pas
de moi; il m'est donné par des faits et par des
paroles qui me sont également étrangers : *la
France et l'Emigration*. Des esprits ombrageux
ou malveillans, et les deux vont ordinairement
de compagnie, pourraient voir, ou bien chercher
à montrer dans ce titre, une opposition établie
entre la France et l'émigration, dans une intention malveillante contre celle-ci. Ils pourraient
aller jusqu'à vouloir faire passer cet intitulé pour
un signal donné à l'une contre l'autre. J'ai besoin
d'aller au-devant de pareilles interprétations, ou
insinuations, car il y a danger égal dans toutes
les deux. Une expérience cruelle me permet de

Tous les accroissemens modernes dans les titres des souverains allemands viennent de Napoléon. Que diroit-on et que feroit-on de celui qui auroit l'inconsidération de les qualifier de *rois et de ducs de Buonaparte* ? Il est

tion de l'indemnité n'a jamais été élevée qu'en faveur de l'émigration. Dans un écrit précédent (1), j'avais fait remarquer combien ce privilége renfermait d'inconvéniens. Ce n'est pas ma faute si, par une fatalité singulière, il n'a pas été publié en France une seule réclamation en faveur des dépouillés, qu'en tant de manières la révolution a multipliés parmi la nation française ; dépouillement multiplié au point de pouvoir presque faire dire qu'il fut un temps où il était devenu le droit commun des Francais. Ce n'est pas ma faute si à côté d'un nombre de propositions présentées aux chambres pour les émigrés, on n'en a pas compté une seule en faveur des autres dépouillés. Ce n'est pas davantage ma faute si MM. Dard, Bergasse, et Montlosier, et d'autres encore, n'ont épanché leurs plaintes et leur sensibilité que sur les seuls émigrés: ai-je tenu la plume de tous ces écrivains? La vérité est que jamais il n'y a eu de question, de requête, ou de démarche quelconque, que relativement à l'émigration. Une autre vérité, de nature encore à

même une différence à l'avantage de l'église de Buonaparte; c'est qu'elle a été la nécessité religieuse de cette époque, et les promotions allemandes ne sont que des satisfactions personnelles et privées.

(1) L'Europe et l'Amérique en 1821.

la Bourdonnaye a mis si peu en doute cette indemnité, qu'il en a spécifié la quotité, c'est-à-
dire l'intégralité; mais comme cette indemnité
doit être payée par la France, comme c'est sur la
totalité du territoire et des habitans que l'imposition destinée à son acquittement doit être assise,
il s'ensuit nécessairement qu'il y a, dans la cause,
deux parties, *un demandeur et un défendeur*, *un
payant et un recevant*, c'est-à-dire qu'il y a un
procès véritable entre la *France* et les émigrés, car tous les procès ne sont qu'une *demande* et une *défense*. Or, comme, dans le cas
actuel, l'émigration demande et la France défend,
il est évident que le titre naturel de l'ouvrage
qui expose leurs droits respectifs, est celui que
porte cet écrit. Ce titre marque l'opposition des
intérêts, mais non pas celle des sentimens, ou
des personnes.

Ce serait une pensée bien criminelle, bien
odieuse que celle d'opposer une classe d'hommes à la totalité de leurs concitoyens ; au

_____

*times de la fidélité, auxquelles aucun sacrifice n'a coûté,
dont la résignation dans le malheur a toujours égalé le
dévouement: la reconnaissance, ou plutôt la justice royale,
veille sur eux, et nous verrons bientôt se fermer une des
plus cruelles plaies que nous ait faites la révolution.*

contraire, c'en est une juste et louable que d'examiner leurs droits respectifs pour le maintien de la bonne harmonie entre eux, par l'exposition de la justice et de la vérité, sources assurées de la paix entre les hommes ; car, quoi qu'on en dise, ils sont faits de manière à ne pas réclamer contre la vérité démontrée, et à ne s'élever que contre le sentiment de l'injustice (1). Le titre de cet ouvrage est donc irréprochable, et à l'abri de tout ce que la subtilité gratuite ou intéressée pourrait y placer ou bien chercher à y montrer.

---

(1) J'en ai trouvé une preuve frappante dans un récit de Mme de Larochejaquelin, le lecteur me saura gré de le mettre sous ses yeux. Pag. 187.

« Le quartier-général revint à Châtillon, je fus y dîner; et ce jour-là je fus témoin d'une scène qui montrera quel était le caractère des soldats vendéens. Un officier avait mis en prison deux meuniers de la paroisse des Treize-Vents, qui avaient commis quelque faute; c'étaient de bons soldats, aimés de leurs camarades : tous les paysans qui se trouvèrent à Châtillon commencèrent à murmurer hautement, disant qu'on les traitait avec trop de dureté. Quarante hommes de la paroisse allèrent se consigner en prison; ils répétaient qu'ils étaient aussi coupables que les meuniers. Le chevalier de Beauvolliers vint me raconter ce qui se passait, et m'engagea de solliciter la grâce de ces deux hommes auprès de M. de l'Escure, qui ne vou-

De plus, n'oublions pas que nous traitons d'une question qui n'est encore qu'un projet, qu'un sujet d'entretien, une rumeur publique, mais qui n'a aucun caractère de légalité. Quand elle sera élevée à la dignité de loi, d'autres devoirs naîtront pour nous, et nous saurons les remplir. Jusque-là cette cause est ce que l'on appelle *juris publici*, c'est-à-dire livrée à la discussion publique. Permis à chacun de l'envisager sous toutes sortes de faces, de travailler, par l'ordre rationnel, à la faire prévaloir ou bien échouer; tandis qu'il se tient dans la ligne de la vérité sur les faits, et dans les bornes de la modération envers les personnes,

---

lait pas avoir l'air de céder à cette rumeur, et qui m'envoyait chercher pour la lui demander. Je vins sur la place; je dis aux paysans que je rencontrai que je m'intéressais à leurs camarades, parce que le château de la Boulaye était de la paroisse des Treize-Vents. Je suppliai M. de l'Escure de leur rendre la liberté; il fit semblant de se faire prier, et accorda ma demande. J'allai moi-même à la prison, suivi de tout le peuple. Je fis sortir les prisonniers. « *Madame, nous vous remercions bien, me dirent les gens de Treize-Vents; mais cela n'empêche pas qu'on a eu tort de mettre les meuniers en prison; on n'avait pas ce droit-là.* » Tels étaient nos soldats, aveuglément soumis au moment du combat, et hors de là se regardant comme tout-à-fait libres. »

la carrière reste tout entière ouverte devant lui, et il peut la parcourir sans crainte et sans reproches.

CHAPITRE II.

Opportunité et nécessité de l'Ouvrage.

Le temps s'écoule; celui de la décision de cette grande question approche. Une seule partie a parlé; sûre de puissans appuis, dès long-temps préparée, dès long-temps en marche vers le but, elle a eu tout le loisir de rassembler ses forces, de s'adresser aux imaginations, d'exciter les émotions, d'évoquer le passé. De l'autre côté, on n'a encore *entendu que le silence*, soit crainte de se mesurer avec des intérêts appuyés de si haut, soit celle de choquer ceux que l'on est exposé à rencontrer à chaque instant, et au milieu desquels on vit. La France manque-t-elle donc de moyens de défense ou de défenseurs? Elle serait condamnée, comme par déshérence de sa cause, cette cause si juste, si grande, si abondante en moyens victorieux! Ah! si quelque autre avait voulu se charger de ce travail, de quel pénible fardeau il m'au-

rait soulagé ! Ce ne sont point de ces questions
que l'on traite pour son plaisir.

Un autre motif pour s'occuper de cette cause ,
sort de sa nature même ; elle ne ressemble en
rien aux questions de pure théorie. Celles-ci
restent toujours dans le domaine du temps ; elles
peuvent recevoir de lui toutes sortes d'amende-
mens, soit en bien, soit en mal; le temps peut
même leur donner la mort. Dans les questions
qui se résolvent en argent, il en va tout autrement. Là, tout est définitif; l'argent donné ne revient plus : où le reprendre, quand il est réparti
dans un grand nombre de mains ? Avant de le livrer, il faut donc commencer par s'assurer qu'il
est indispensable de le donner, et voilà précisément l'objet de mon travail. La question de l'indemnité émigrée est une question d'argent ; c'est
une imposition appliquée sur la France entière,
au profit de l'émigration : quand celle-ci, sous
quelque forme que ce soit, aura reçu cet argent,
quelques défectuosités, quelques inconvéniens
que des réflexions ultérieures puissent faire découvrir, et dans le principe et dans les conséquences de cette contribution, le mal sera irrépa-
rable, il restera tel par la nature des choses qui
met un obstacle éternel à sa réparation. Celle-ci
ne pourrait avoir lieu que par la récupération

des sommes livrées. Mais où les prendre? La majeure partie aura changé de forme, et reposera sous les sauvegardes que l'intérêt est habile à créer ; la méfiance est naturelle à l'homme , et de sévères avertissemens en auraient appris la valeur, si déjà elle n'eût pas été connue. La discussion publique de cette question est d'autant plus nécessaire et urgente, que la décision doit dépendre des intéressés, comme il sera prouvé plus bas. Le vrai et efficace défenseur de la France est donc l'opinion de la France, formée par l'examen, et répercutée dans les chambres législatives. Il est donc indispensable de mettre sous les yeux de la France toutes les pièces du procès , et de n'y pas perdre de temps : car nous avons devant nous les deux choses les plus fugitives de la terre, le *temps* et l'*argent*.

CHAPITRE III.

Nature réelle de la question.

Qu'est l'indemnité ? de l'*argent*, *une contri-bution imposée à la totalité du peuple français en faveur de quelques-uns*. Quelle est la cause, la mère légitime de toute imposition ? l'absolue nécessité ; car l'impôt est une disposition soit temporaire, soit perpétuelle de la propriété, et la nécessité seule autorise une telle disposition, qui renferme une expropriation forcée de toute la partie qui correspond à l'impôt. L'excuse de cette expropriation, c'est la nécessité sociale : ainsi les hommes savent qu'il n'y a pas de société sans fonctions publiques ; que celles-ci ne peuvent être gratuites ; que, par conséquent, il faut s'impo-ser pour les payer : ils savent de même qu'il faut s'imposer pour acquitter le capital et l'intérêt de ce qu'ils ont reçu. Cela n'est plus contesté qu'en Espagne et en Turquie. Des impôts établis à ces titres sociaux, se présentent aux yeux des hommes sous la protection de la justice, de leur raison, et de leur intérêt ; et si ces mobiles ne leur inter-

[illegible]

Maintenant, [illegible] imposée sur [illegible].

La [illegible] époque de l'émigration, la noblesse française comptait un peu plus de dix-huit mille familles, une famille comptée pour cinq individus, soit environ *quatre-vingt-dix mille nobles*.

Moins de la moitié a émigré. Beaucoup sont rentrés à temps pour échapper à la confiscation. D'autres ont eu le bonheur de s'y soustraire par d'autres moyens. Les pères et mères restés en France [illegible]. Un grand nombre d'actes bienveillants, soit de la part des administrations, soit de celle des particuliers, ont dérobé une masse de propriétés aux coups de la confiscation. Le nombre des familles confisquées peut donc être évalué à *sept mille familles*, ou *trente-cinq mille individus* nobles.

Les données sur les confiscations des non-nobles et des prêtres déportés me manquent ; on peut y suppléer par les considérations suivantes. L'émigration non noble fut composée de militaires, autres que les officiers ; de *bourgeois*, autres que les chefs d'ateliers, de cultures, de commerce ou de banque, race sédentaire par état, et qui a trop d'aplomb pour délaisser des travaux fructueux pour elle et fructifians pour la masse, afin de courir des aventures et des chances chevaleresques ; la bourgeoisie émigrée, presque toute composée de gens d'affaires, d'arts ou de lettres, allait chercher à Coblentz plus qu'elle ne laissait en France.

De leur côté, les prêtres déportés, au nombre d'à peu près *vingt-cinq mille*, n'ont pas laissé des dépouilles opimes ; en presque totalité, ils avaient peu de patrimoine, ou ils l'avaient généralement abandonné à leurs familles ; leur revenu était viager, et leur mobilier peu somptueux. Cette confiscation ne peut s'élever bien haut. C'est donc sur la noblesse, et, parmi elle, sur *sept mille* familles que sont tombées les rigueurs de la confiscation.

D'un autre côté, la population de la France, d'après le rapport présenté au Roi (1) le 5 mars 1823, suivant un dénombrement déclaré officiel, s'élève à 30,465,291 habitans.

D'après les calculs généralement reçus, les mouvemens de la propriété intéressent à la vente des domaines nationaux 10,000,000 d'hommes.

---

(1) *Moniteur,* 13 *mai* 1824. Rapport de M. le maréchal d'Albuféra.

*I*re *Partie.* 3

Mettons-en à mort... pour le bien de l'église, des collèges, des hôpitaux, villes et communes, restent pour les acquéreurs de ...... 3,000,000 d'hommes. Par conséquent, la France compte 26,465,29. hommes étrangers aux avantages et aux pertes de ce grand transfert de la propriété, et qui doivent en payer la façon comme ceux qui en ont eu les bénéfices. Nous verrons plus bas quelles bizarreries naissent de cet ordre de choses.

Il est donc bien certain que toute cette question se résout dans une contribution sur la totalité de la France, au profit de la partie de l'émigration qui a été confisquée. Quelque nom qu'on donne à cette contribution, de quelque couleur qu'on la revête, de quelque source qu'on la fasse provenir, on ne fera pas qu'elle ne soit pas une disposition d'une propriété française, on ne fera pas que le paiement de *plusieurs centaines de millions* ne soit pas une charge : que celle-ci varie dans le mode, qu'elle soit impôt direct ou bien indirect, disposition du bénéfice fait sur les rentes, toujours sera-t-il que la France aura à payer de plus plusieurs centaines de millions. Tout l'art des sophistes ne prouvera pas qu'il n'y ait point charge nouvelle; on pourra la masquer, atténuer la douleur du moment en la prolongeant sur un espace de temps plus étendu : mais là se borne tout ce cruel savoir qui consiste à dérober aux yeux des hommes, non pas la réalité, mais la vue distincte de la totalité du mal qu'on leur fait; art funeste des gouvernemens qui a réalisé et dépassé de beaucoup les tristes pronostics que le parlement de Paris présenta à Louis XIV, pour l'empêcher d'entrer dans la fatale carrière des emprunts. Si l'indemnité empêche l'abolition de l'impôt *du décime* de guerre, sa prorogation n'équivaut-elle pas à une charge imposée par elle? si l'indemnité absorbe *les profits faits sur la rente*, et les millions que promettait sa réduction, n'est-ce pas autant de millions pris aux Français qui avaient droit à en jouir, comme étant le résultat de leurs contributions, le fruit de leurs travaux et de leur économie? Quand, à force de payer, de labourer, d'échauffer le travail des ateliers, de faire des retraits sur ses propres jouissances, le peuple français est parvenu au point de pouvoir diminuer ses charges par la diminution de l'intérêt de sa dette, est-ce bien sérieusement, bien respectueusement à son égard, qu'on peut répondre à ses plaintes, lorsqu'il voit le fruit de son travail passer à d'autres? De quoi vous plaignez-vous? on ne vous demande pas d'accepter une charge nouvelle. Que les hommes subtils disent d'une manière claire et intelligible pour tous, la différence réelle qui se trouve entre ces deux choses, ajouter une charge ou bien en empêcher la diminution.

L'état de la question reste donc bien certain, celui d'être une contribution sur la totalité de la France, pour la partie de l'émigration qui a été confisquée.

CHAPITRE IV.

Mode habituel de la discussion de la question de l'indemnité.

Est-ce sous le rapport d'une contribution à imposer sur toute la France, que cette question est présentée? Est-ce sous ceux de la justice distributive entre les diverses classes de malheurs, égaux entre eux et même supérieurs? Quelle part fait-on aux intérêts de l'État, aux faits historiques, à l'autorité des lois existantes? De quelle méthode use-t-on donc? On appelle aux sentimens, on expose le tableau de grands malheurs, les droits d'une fidélité qu'on environne des titres les plus imposans; on évoque les fantômes qui ont trop long-temps couvert de leurs images détestées le sol de notre patrie; en un mot, rien de ce qui peut ébranler l'ima-

gination ou bien émouvoir les âmes , n'est mis en
oubli. Quelques considérations d'utilité publique
sont aussi mises en avant ; comme pour servir de
passeports et de lettres de créance aux premiers
motifs que l'on doit regarder comme les seuls véritables ; car seuls ils ont été présentés dans *les dires*
qui ont eu lieu dans la Chambre , et il n'y a encore
été fait aucune mention des autres. C'est donc par
un mobile sentimental que l'on tend à arriver à
un but matériellement utile, à un résultat de
finance. On demande des millions par centaines ,
payables par une Nation au nom du malheur, du
dévouement et de la fidélité, toutes choses fort re-
commandables sans doute, mais dont on n'aperçoit
pas distinctement la liaison avec une contribution sur le peuple français. S'il s'agit de malheurs ,
mais qui dans cette crise n'en a pas éprouvé , et
pourquoi ne pas parler de ceux-là comme des
autres? La réparation d'une seule espèce de malheurs est-elle donc la seule juste, la seule nationale, la seule indispensable ? Parle-t-on de dévouement? mais , en l'admettant, pourquoi ne pas
demander aussi si ce dévouement, chez tous ceux
qui se présentent pour être également indemnisés,
a été pur dans son principe, dégagé d'intérêt personnel, et également constant dans sa durée, s'il
n'y a eu de dévouement que dans l'émigration ,

CHAPITRE V.

Méthode ordinaire de présenter les questions.

Toute affaire exige une instruction, toute instruction exige la production de toutes les pièces afférentes à l'objet amené en discussion. Toute affaire suppose deux parties, et par conséquent un *procès* qui étant une contestation entre deux prétentions opposées, doit être jugé d'après les procédés légaux. De là, le nom de procès.

Est-ce ainsi que les affaires politiques se traitent parmi nous depuis trente ans? Hélas! je voudrais pouvoir l'affirmer; il serait consolant de pouvoir le penser; mais combien notre manière ordinaire d'argumenter s'éloigne de cette marche imposante (1), de cette ligne droite et impartiale de la justice! Voit-on présenter les questions sous toutes les faces, ou seulement montrer celles qui peuvent faire obtenir un résultat projeté? Quand voit-on une instruction véritable, celle que la justice et la raison recommandent et avouent, et

(1) Ceci n'est applicable qu'aux écrits publics.

qui se forme par l'exposé impartial et intégral de toutes les parties d'une affaire? Je cherche ces sujets de satisfaction pour quiconque aime la justice. On dirait qu'en présentant les affaires, on ne veut tendre qu'à un but déterminé ; que content de l'obtenir, il ne faut s'occuper que des moyens d'y arriver ; que c'est un résultat que l'on veut et qui doit être réalisé. Je vais prendre mes exemples sur une grande échelle.

S'agit-il de la révolution française ? aussitôt un déluge de déclamations banales, usées et fastidieuses par la répétition, quelquefois inconvenantes par la présentation d'images que la décence et le bon goût prescrivent d'éloigner des regards, insultantes pour le peuple français et pour des milliers d'hommes compris dans des accusations qui ne devraient jamais les atteindre, interdites par le soin de l'honneur national froissé par le rappel de scènes dont il est vrai que la France a fourni le théâtre, mais qu'elle ne s'est pas appropriées, comme elle l'a prouvé en punissant leurs auteurs. La prudence proscrit les déclamations, les autres peuples les condamnent par leur exemple ; ils ont aussi eu des révolutions, elles ont surpassé la nôtre en durée et en atrocités. La France ne compte que trois horribles années : sûrement un seul jour serait trop. L'Angleterre a compté plus de

cinquante années d'atrocités, depuis Henry VIII,
et plus de trente par l'effet des combats entre les
maisons d'York et de Lancaster : l'Angleterre
passe-t-elle le temps à déclamer contre ces époques, contre le long parlement et les complices de
Cromwel? Ces révolutions étrangères portèrent-
elles avec elles les immenses dédommagemens que
la nôtre a offerts à la France et au monde entier,
dont elle a entamé l'inévitable régénération, qu'on
peut retarder, mais non pas empêcher? Dans toutes
ces déclamations, est-il question de ces dédommagemens, de leur étendue, de leur durée? Re-
monte-t-on à la source lointaine de cette révolution, source cachée dans les grands changemens
que le monde avait subis depuis le quinzième et le
seizième siècle, et qui font que cette révolution
n'est pas *une cause*, mais *un résultat?* ainsi, les
eaux rassemblées de loin et de divers lieux, remplissent un bassin sans être produites par lui. Les
déclamateurs diront-ils quelles furent les causes
prochaines de cette révolution, rappelleront-ils
comment la France était gouvernée depuis cent
vingt ans, pour ne pas remonter plus haut; diront-ils en quel état les choses étaient venues à la
suite des contestations entre la cour et les parlemens? Je m'arrête. En allant plus loin, je serais
plus fort que je n'ai besoin et surtout que je n'ai

sieu lieu de beaucoup que l'on procède dans cet
esprit de justice: se dire reprochable à une action
totale est seul reprochable. le reste est resté à l'écart.
ce qui fait que dans les discussion élevées à ce
sujet entre les individus. il est impossible de s'en

tendre, et que dans les discussions entre les puissances, on s'adresse les démentis les plus formels,
comme il est arrivé dans la discussion à laquelle la
guerre d'Espagne a donné lieu entre la France et
l'Angleterre : celle-ci à démenti la France sur le
droit en général et sur les faits particuliers ; l'Angleterre alléguait des faits sur lesquels en France
on gardait le plus profond silence : chose affli-
geante pour ceux qui aiment la droiture et leur
pays, chose instructive à la fois sur les inconvéniens d'une manière de raisonner qui ne mesure
la production des argumens que sur ses intérêts
et sur le désir d'arriver à un but déterminé. Qu'on
demande à ces déclamateurs s'ils voudraient,
même pour les plus petites choses, être jugés d'a-
près ces principes ; et qu'ils mesurent sur leurs
propres répugnances les degrés de morale et de
satisfaction pour les autres, que renferme cette
méthode. Si je voulais fausser l'esprit humain
et faire fuir la justice, je ne procéderais pas autrement. En effet, comment peut-elle trouver place
dans la production exclusive de ce qui attaque,
et dans la suppression de ce qui absout ? Or, jusqu'ici, c'est ainsi qu'ont raisonné tous ceux qui
ont traité de la cause de l'émigration. Dans leurs
écrits, je n'ai pas encore surpris un seul mot qui
annonce cette franche et complète exposition des

principes et des faits qui constitue l'impartialité, et qui seule rend capable et digne de juger. Des tableaux plus ou moins bien colories, des injures répétées à satiété contre des temps qu'il serait plus patriotique et surtout plus prudent de ne pas retirer de l'oubli : voilà tout ce que j'ai vu et entendu jusqu'ici ; mais pour des raisons, je suis encore à les attendre; pour des faits, ou des principes de droit et de justice, dans tout ce que j'ai lu et entendu, il ne m'en est pas encore apparu un seul indice.

C'est pour suppléer, autant qu'il est en moi, à tous ces oublis, pour mettre la France à l'abri de leurs effets désastreux, pour qu'elle ne reste pas sans un défenseur impartial, et qui n'ait en vue que le triomphe de la justice, que j'ai pris la plume. Je me suis proposé, mais je ne me suis proposé que cela seul, de rétablir les principes, de rappeler les faits, de développer les droits respectifs des parties intéressées dans cette grande cause, et de tirer, de ces prémisses, les conséquences légitimes et naturelles qui en découlent. Pour parvenir à ce but, je n'ai pas rejeté le minutieux et pénible travail des détails. J'ai pensé qu'un écrit fait pour tous, car ici tous sont intéressés, devait être calculé sur la portée de tous. J'ai dû sacrifier l'ensemble et la marche plus rapide du travail, au soin de me faire mieux comprendre, par les repos que les fractions du sujet offrent à l'esprit. Qu'importe d'ailleurs la forme sous laquelle apparaît la vérité, pourvu qu'elle parvienne à se montrer et à se faire reconnaître ?

CHAPITRE VI.

Nouveauté et étendue de la question de l'indemnité.

L'ÉMIGRATION française est un acte d'une nature particulière, dont l'histoire n'offre pas de modèle, et ne présentera pas de répétitions; que l'on prenne le récit des émigrations consignées dans l'histoire, on n'en trouvera pas une seule qui ait eu le principe et l'issue de celle de la France. Celle-ci a eu une origine à part, et une issue également particulière ; cette issue le serait encore bien plus par le résultat final qui est annoncé, car jamais on ne vit des bannis volontaires, ou forcés, vaincus par l'épée, affranchis par une amnistie acceptée et garantie, finir par recevoir des indemnités.

L'émigration française est une émigration de

caste, exécutée en corps, calculée, accomplie par
le moyen de la guerre, avec le secours de l'étranger, contre la révolution de gouvernement
arrivée dans la France, et dont les principes
et les résultats principaux, ont fini par devenir
et rester la loi de l'État. Les annales du monde
ne retracent rien de pareil. Un tel acte n'est pas
de nature à être renouvelé.

On peut dire de l'émigration française, qu'elle
est à la fois le premier et le dernier essai d'une
telle mesure, l'*alpha* et l'*omega* des tentatives de
cette sorte. Le mauvais succès de l'émigration,
qui, sortie à grand bruit et en menaçant, est rentrée soit clandestinement, soit en se soumettant;
qui a commencé par une guerre d'invasion, et qui
a fini par une amnistie; qui, dans l'étranger, a
trouvé l'insensibilité chez les forts, la commisération chez les faibles, des secours donnés à ses
malheurs privés, et refusés à sa politique, qui s'est
vue attachée par l'infortune à des services dont résultait le déchirement de la patrie; qui a rencontré les intérêts personnels, les divisions qu'ils engendrent, les vieux levains des vieilles querelles
fermentant encore parmi ceux qu'elle appelait à se
réunir pour lui prêter main-forte; l'émigration, qui
a eu tout le loisir de savourer l'amertume de l'exil,
de la pauvreté, celle de jours bien longs, et alors

interminables lorsqu'ils étaient sans espoir; l'é-
migration, qui a compté un si grand nombre de
ses membres, les uns, victimes honorables, tom-
bés sous le fer de l'ennemi; les autres, victimes
déplorables, qui ont succombé sous le poids de
l'infortune, ou dans les angoisses d'une pauvreté,
hélas! hors de leurs habitudes et de leurs pré-
voyances, ou qui ont rencontré la mort sur le
seuil de la patrie, soit trahis par un fatal empressement de la revoir, de se rapprocher des objets
de leurs affections et des sources de leur fortune,
soit trompés par des promesses fallacieuses, ou dé-
passant le pouvoir de ceux qui les donnaient, car
le malheur est confiant et croit facilement à ce
qu'il désire : certes, l'émigration, qui a eu le
malheur de fournir le noir canevas d'une tra-
gédie formée de tant d'actes douloureux, loin
d'inviter le monde à imiter son exemple, lui ser-
vira à jamais d'enseignement et de préservatif
contre le renouvellement d'une pareille mesure;
il laissera dire les amateurs d'aventures, et leurs
peintres romantiques, et il restera où il est. Qui a
subi l'émigration, qui a vécu au milieu d'elle, a
mille fois entendu protester contre son renouvellement. L'émigration a rendu au monde un service qui lui a coûté bien cher à elle-même, celui
de le dégoûter à jamais de ces entreprises cheva-

Si la question actuelle est remarquable par sa nouveauté, elle n'est pas moins frappante par son étendue ; car elle est immense. En effet, elle renferme tout le Contrat social, et les plus hautes questions du droit publie, telles que celles des devoirs et des droits respectifs de l'État et de ses membres ; de plus, elle remet en discussion la légitimité de la révolution dans son principe et dans toutes ses conséquences. Elle atteint les intérêts des trônes ; elle fait revivre une série de faits historiques, ensevelis dans l'oubli, et qu'il est indispensable d'en retirer pour la solution de cette cause ; elle touche à la paix de l'État, à la concorde entre les citoyens ; elle embrasse les plus précieux intérêts de l'État par l'atteinte que peut porter à sa richesse présente et future, la survenance de la charge provenant de l'indemnité ; enfin, et comme pour tout combler, elle peut comprendre l'honneur même de la France. Voilà jusqu'où s'étend cette question. Certes, si jamais il en fut une bien compliquée, bien vaste, bien digne de méditation et d'hésitation pour prononcer un jugement, c'est sûrement celle qui présente cette multitude de rapports publics et privés, celle qui embrasse tant d'intérêts, qui fait revivre tant de faits, élémens indispensables de la décision. C'est dans cette étendue que cette question s'est présentée à mes regards. Je l'ai vue croître et s'élargir à mesure que je l'ai considérée ; d'autres que moi en montreront les limites, et à mesure qu'ils s'en occuperont, ils partageront sûrement mon étonnement de ce qu'une question aussi grave, aussi chargée d'incidens, n'ait pas encore été aperçue sous ses rapports naturels, ni dans toute son étendue.

CHAPITRE VIII.

*Émigration française. Confiscation. — Sens de
ces deux mots.*

Avant d'entrer dans la discussion qui va nous
occuper, il faut fixer le sens des mots qui en seront
l'objet. Le besoin de s'entendre, et celui de ne
laisser lieu à aucune équivoque sur mes intentions, m'en fait la loi : *incedo per ignes.*

Par émigration, j'entends le système politique armé contre la révolution, et l'ayant combattue en compagnie de l'étranger. Telle est l'é-
migration qui fait le fond de la question. Les
dates servent à fixer sa nature; elle a commencé
en 1789, et s'est prolongée jusqu'en 1792, époque
de la confiscation. C'est elle qui a donné lieu à la
confiscation de cette époque et à celles qui l'ont
suivie; c'est aussi de cette confiscation, comme
étant la principale et ayant ainsi causé les autres,
que j'ai à m'occuper.

La liste des émigrés portait, dit-on, 150,000
noms. Nous avons vu plus haut que l'émigration
confisquée en 1792, s'élevait à 35,000 individus.
Il faut y ajouter environ 25,000 prêtres, portés

et par couleur de drapeau, source des plus cruelles injustices. Cela est loin de nous, qui nous occupons des choses et nullement des personnes. Quant à celles-ci, si nous en parlions, ce serait avec le respect qui est dû à la noblesse française. Le monde est plein des titres de sa gloire, il s'élèverait contre celui qui tenterait de la flétrir; dans tous les rangs, dans toutes les carrières, elle a brillé de l'éclat des talens, des vertus, du courage; toutes les espèces de lauriers lui sont familières. Fénélon, Montesquieu et mille autres encore lui appartiennent; les plus grands talens de l'assemblée constituante, de quelque côté qu'ils se soient tournés, sont sortis de son sein; une auréole de gloire aussi étendue qu'éclatante environne sa tête; l'élévation des sentimens, de tout temps fut son apanage; ainsi qu'une élégance de mœurs qui faisait du gentilhomme français, le *magister elegantiarum* de l'Europe! *C'est le chevalier français qui me plaît,* disait Charles-Quint. Les hommages de l'Europe ont sanctionné l'bonheur de cette préférence, accréditée par l'aveu d'un prince ennemi de la France.

Les intentions de l'émigration n'entrent nullement dans cette discussion; nous leur laissons tout leur honneur, il n'est ici question que de *droit* et de *système politique.*

CHAPITRE IX.

L'indemnité de l'émigration est une question d droit public.

En effet, elle renferme tout le Contrat social e toute la révolution, autre question du droit social L'émigration a à prouver qu'elle a eu le droit d sortir pour s'armer en pays étranger, d'appeler le étrangers, de leur promettre des portions du ter ritoire français pour les engager à l'appuyer, d'en citer en France les soulèvemens contre l'ordre éta bli, de déclarer le Roi captif, tandis que le autres souverains le reconnaissaient comme libre par l'acceptation de ses actes publics et de se ambassadeurs, et par le séjour des leurs auprès d lui. L'émigration doit prouver que la révolutio qu'elle voulait détruire, celle de 1789, était illé gitime, et que la France était tombée dans c état qui n'admet plus de réparation que par l voie des armes, et qui permet à chaque citoye de se faire justice par lui-même: voilà bien, si ne me trompe, des questions de droit public, d questions qui touchent aux racines de la sociabi lité humaine, et dont l'inévitable application à l'émigration française, fait de son *indemnité une question de droit public au premier chef.* Si elle l'est par le principe de la question, elle l'est aussi par sa conclusion ; car elle aboutit à une imposition sur toute une nation. Or, une imposition est un acte résultant du droit public qui régit une nation, et du principe qui veut que toutes les nécessités publiques soient desservies par des charges publiques. Il faut donc constater la nécessité publique de cette imposition, c'est-à-dire son droit, et celui-ci ne peut être constaté que par la décision des premières questions. La question de l'indemnité retombe donc toujours dans le droit public ; de quelque manière qu'on la prenne, elle en vient et y retourne ; elle y tient par son principe, elle s'y rattache par ses conséquences : elle est donc entièrement une question de droit public, et c'est dans les principes de celui-ci qu'il faut en chercher la solution, comme nous allons le faire.

CHAPITRE X.

Droit de guerre en général.

Qu'est la guerre dans son principe ? La répa-ration, par la force, d'un dommage que l'on ne peut pas obtenir par d'autres voies ; car cette con-dition est indispensable pour la légitimité de la guerre. Qui a le droit de faire la guerre ? Le souverain seul ; car la guerre implique toute la société dont il est le représentant , au nom de laquelle il agit, et qu'il fait agir contre une autre société. Un droit de cette nature est inhérent à la souveraineté ; il est incommunicable à tout individu ou collection d'individus ; la guerre des individus est flétrie du nom de *piraterie*, et su-jette à de graves châtimens, comme contraire aux droits des nations. Aucun individu ne peut pour-suivre par les armes la réparation de ses propres injures ; il doit l'attendre et la recevoir de la société ; et son devoir s'étend jusqu'à en suppor-ter patiemment la dénégation ; autrement la so-ciété resterait en butte à toutes les prétentions, à toutes les allégations de dommages. Des individus

isolés ou des collections d'individus ne peuvent
agir contre un corps collectif, tel qu'une nation.
Cela ne peut appartenir qu'à un souverain contre
un autre souverain : alors il y a parité entre les
adversaires ; il y a supposition d'action commune
et d'intérêt commun entre les membres qui entrent
dans la formation des deux souverainetés; alors
il y a conflit entre des intérêts généraux: au lieu
que, pour les individus, il y a opposition d'intérêt privé à un intérêt général , ce qui établit une
inégalité incompatible avec le droit, qui n'admet,
entre toutes les causes , qu'une égalité parfaite.
Le droit de guerre est donc un attribut exclusif de
la souveraineté, inhérent à elle, comme chargée
de la défense commune , comme disposant légalement des forces de l'État, tandis que les individus, ou les collections d'individus, n'ont pas la
charge de cette défense ; qu'ils n'ont que la disposition de leurs forces privées, subordonnées à
la loi, et qu'ils n'ont aucun droit ni moyen de
transiger avec une société quelconque. La guerre
ne se fait qu'avec des formalités que l'humanité
a inventées , et commandées pour en adoucir les
horreurs; les individus n'ont aucun moyen de les
remplir; ils ne peuvent agir qu'à la manière des
pirates, sans avertissement légal et sans présenter
les indemnités dont les sociétés offrent toujours

l'ordre militaire à l'ordre civil, et pour avoir ad-
miré les Grecs et les Romains, au lieu d'étudier
le droit... Quel sujet de réflexions !

CHAPITRE XI.

Droit d'armer contre la patrie.

Il y a deux manières de s'armer, et deux motifs pour le faire. On s'arme au dedans, ou bien au
dehors pour des intérêts privés, ou pour des motifs
qualifiés du nom du bien public.

Nous avons vu plus haut que le droit des armes
est un droit exclusif et incommunicable de la souveraineté : il y a abandon de la souveraineté,
quand on permet ce droit à d'autres ou qu'on le
tolère ; il y a usurpation de souveraineté, quand
on le prend : s'armer au dehors pour agir au
dedans, ou s'armer au dedans, sont une seule et
même chose : elles ont un résultat commun, la
guerre civile. S'armer pour des intérêts privés en
unissant ses armes à celles de l'ennemi extérieur,
est le fait de ceux qui, depuis Coriolan jusqu'au
connétable de Bourbon, ont été chercher des Vols-
ques ou les Espagnols. O Victoria et nous qui

F. Paris

triompher les droits de la seule patrie romaine ;
mais tu vengeas toutes celles qui, sous des noms
divers, renferment dans leur sein l'humanité tout
entière. Le vainqueur de Salamines vit flétrir ses
lauriers dans la cour du grand roi dont il avait fait
triompher Athènes ; le plus grand des Athéniens
quand il servait sa patrie, le dernier quand il
obéit à ses ressentimens contre elle ; tandis que le
vainqueur de Cannes, banni de Carthage, immo-
lant ses ressentimens personnels, pour lui chercher des vengeurs dans tout l'univers, est plus
grand dans son exil, dévoué au service d'une patrie ingrate, que lorsqu'il guidait ses drapeaux
vers les remparts de Rome : c'est à peine si l'Histoire a pardonné à Scipion d'avoir menacé Rome
de la priver de l'honneur de garder ses cendres.
L'armement pour des intérêts personnels est donc
un attentat mis par toutes les nations au rang des
crimes, flétri par la voix unanime de l'univers et
de l'Histoire.

Le bien public fut de tout temps le prétexte
des ambitions particulières ; depuis la guerre de
ce nom contre Louis XI, jusqu'à celle de la fronde
contre Louis XIV, toujours le bien public fut mis
en avant ; et pour le faire prévaloir, on vit appeler
les Espagnols, et refuser le trône à Henri IV.
Mais dans ce cas comme dans tous les autres, il y

l'usurpation de la souveraineté. Il y a jugement
de quelques-uns sur la société tout entière et sur
chacun de ses membres en particulier. Parmi
ceux-ci, tous ceux qui succombent, représentent
autant de victimes d'arrêts prononcés par des juges incompetens. à qui, non de la société elle-
même, peut-il appartenir de dire qu'elle est tombée dans cet état qui ne permet d'attendre de
remède que par la voie des armes, par le sacrifice
d'une partie de ses membres et par tous les malheurs qu'entraîne la guerre? Quelle est celle de
toutes ces guerres de soi-disant bien public, qui a
produit quelque bien, et qui au contraire n'a pas
causé des maux infinis?

Quant aux attaques faites du dehors au dedans,
il faut leur appliquer les mêmes règles d'appréciation; si elles échouent, elles rendent passibles
de grandes peines; si elles réussissent, elles sont
réduites au titre que donne le succès, mais elles
manquent de celui du beau adopté dans les insti-
tuts de toutes les nations. On voit que celles-ci
ont établi des peines sévères contre tout homme
qui, même sorti sans dessein hostile, demeuré
dans un autre pays, sert sous les drapeaux de sa
patrie adoptive, auparavant d'avoir reçu la mis-
mission de sa patrie naturelle; il appartient à elle
seule de le délier des nœuds que la nature avait

formés, de l'exempter des obligations contractées par son entrée dans le monde sur son territoire, et de lui permettre de porter à d'autres autels les tributs que réclamaient les siens.

CHAPITRE XII.

Droit d'appeler l'étranger, et de lui promettre des portions du territoire.

Cette question se rattache à celle du droit de conclure des traités et des négociations avec les peuples étrangers; par conséquent c'est une question de droit de souveraineté : appeler les forces de l'étranger, est lui demander de suppléer à celles dont on manque soi-même; c'est la communication des forces d'un État faite à un autre État; c'est la confusion de l'action de l'État avec celle d'un autre État; c'est une admission à juger l'État, et une investiture de juridiction sur quelques points, accordée à l'étranger sur les regnicoles. L'admission à l'exercice de droits pareils ne peut appartenir qu'à la souveraineté; il en est de même pour les conditions des appels de cette nature. Portent-elles sur des contributions pécuniaires? celles-ci répon-

dent à des impôts qui ne peuvent être établis que
par les actes du souverain ; sont-ce des cessions
de territoire ? c'est encore le droit de la souveraineté, car toute cession de ce genre est un re-
tranchement à la propriété sociale, un déchirement de l'association. La propriété, pour être
transférée légalement, doit l'être par le propriétaire, ou par son représentant légal ; et dans ce
cas, le représentant légal, c'est le souverain. De
plus, comme l'entrée et la sortie d'une société ne
sont pas des actes livrés par la société au bon plaisir
de chacun de ses membres, elles ont besoin d'une
autorisation légale ; et comme on ne peut pas y
entrer sans acceptation, on n'en peut pas non
plus sortir sans permission. Or, à qui appartient
de la donner, sinon au souverain ? Hors de là,
tout serait anarchie dans les sociétés qui, au contraire, ont pour but de la bannir, par l'établissement de lois fixes qui règlent les actions de tous
les membres de la société, et qui lui font connaître à elle-même ceux qui lui appartiennent
légalement, ou ceux qui, par la même voie, ont
cessé de lui appartenir.

L'histoire de tous les peuples dépose en faveur
de ces principes ; la nature en est le monument.
Comment note-t-elle les chefs ambitieux qui appelèrent Édouard III sur les champs de Crécy, si

fatals à la France? Comment qualifie-t-elle ceux qui amenèrent Henri V sur ceux d'Azincourt, où elle reçut des plaies encore plus cruelles, où se prépara la transmission de son sceptre à des mains anglaises, et le dépouillement de Charles VII? Quel nom a-t-elle réservé à ces factieux qui appelèrent les Espagnols contre Henri IV? Comment Louis XIII, par la main inflexible de son ministre, traitait-il les fauteurs de ces appels à l'étranger, passés alors en habitude? La fronde appela l'étranger; le cardinal de Retz, par une supercherie vraiment italienne, fit apparaître au parlement un envoyé fictif de l'Espagne; la guerre fut la suite de cette violation des lois; le régent fit monter sur l'échafaud les gentilshommes bretons impliqués dans la conspiration de l'ambassadeur d'Espagne, le prince de *Cellamare*.

Toute liaison avec l'étranger, tout appel de l'étranger en vue de politique et d'introduction dans les affaires intérieures de l'État, sont donc des actes véritables de souveraineté, et c'est usurper que de les tenter, quand on n'est pas souverain. Comment des individus peuvent-ils donner un caractère authentique à leurs alliances? le sceau ne s'en trouve que dans la main du souverain. Comment pourraient-ils en accomplir les conditions? Cette capacité ne peut appartenir qu'au souverain , agissant au nom et avec la collection de tous les moyens de la société.

Une des plus pénibles choses que l'on rencontre dans l'Histoire, est cette multitude de traités, d'alliances, d'appels de l'étranger, sans règles fixes, sans mesures, sans rapport avec le bien public, non pas nominal, mais réel. La multiplicité de ces actes n'a pu prendre naissance que dans l'ignorance ou dans le mépris des principes et des droits des sociétés humaines. Heureusement de meilleures notions s'y sont introduites et les régissent ; les règles du droit sont connues et fixées, et l'on peut dire que, d'après l'acquisition de ces nouvelles connaissances, la chose la plus antipathique qui existe aujourd'hui avec l'esprit des hommes, est, sans contredit, l'intervention étrangère dans les affaires de leur pays.

CHAPITRE XII.

Droit de former des partis dans l'intérieur.

Corneille a dit :

Cès paroles du maître de la scène française se rapportent aux factions qui divisèrent Rome, et qui finirent par changer la forme de son gouvernement, celui qui, du sein de la pauvreté et des limites étroites du Latium, l'ayant portée au faîte de l'opulence et aux limites du monde alors connu, ne pouvait plus convenir à ce nouvel ordre de choses. Alors des citoyens vainqueurs, et patrons des rois, se trouvèrent en présence; leur ambition s'empara du forum; l'État fut troublé par eux; il se partagea entre eux; l'autorité publique, qui avait fait le nœud de l'État, se divisa; le centre d'autorité disparut. Les paroles de Corneille s'appliquent avec justesse à cette scission de l'État; la souveraineté était partagée et incertaine. Aussi n'est-ce pas de cette espèce de

Quant au droit ... qui a le droit de juger l'État, d'exercer une jurisdiction sur lui, de lui donner tort et de s'en faire justice soi-même? Cela peut-il jamais faire partie d'un droit social, est l'apanage des individus, ou d'une collection d'individus?

Quant aux moyens, comment d'ordinaire se forment et se soutiennent les partis? Dans les États organisés régulièrement, l'autorité publique étant toujours supérieure en force aux partis, ne peuvent se former que dans l'ombre et par des voies détournées, qui les mettent à l'abri de la surveillance de l'autorité contre laquelle ils projettent de s'élever. Mais comme les partis ne valent si que par le nombre et la qualité de leurs membres, c'est à les multiplier qu'ils s'attachent ... les prosélytes, ... n'y a guère caché dans la société; alors la fidélité des officiers publics est forcée, ainsi que celle des citoyens; et comme en définitive la force armée a un poids décisif, c'est toujours à elle que l'on finit par s'adresser, ce qui fait qu'en dernier ressort l'État est jugé, et le sort de la société est fait par les hommes ... l'éducation ... les plus impropres à évaluer justement les besoins de l'État, ... position réelle, la portée même de leur propre action ... chefs

qui peuvent obéir aux mouvemens d'une ambition, qu'en pareil cas les intéressés ne manquent
pas de provoquer.

Mais quelles sont la légalité et la moralité de
pareils moyens? Quant à la légalité, qui l'y recon-
naîtra? Quant à la moralité, sûrement personne
ne sera tenté de l'alléguer en leur faveur; après
l'événement et le succès, on accepte les fruits,
mais on se tait sur les moyens; on n'essaie pas
les avouer. Mais allons plus loin, et ....
la justice et la morale permettent d'engager les
hommes par toute sorte de promesses, que souvent l'on n'a pas les moyens de réaliser, de les
exposer à des dangers que l'on ne peut réparer,
d'ouvrir devant eux une carrière de dangers que
l'on brave de loin et dans des lignes de sûreté? ..
vous appelle en témoignage, Lyon, Toulon et ..
vingt autres lieux encore, qui avez été trop sou-
....
forces, pour que le braver suffît pas la plus .....
.... Quelles .... vous
....
qu'il a fait promise sur vous? Et vous, ...
.... les .... les espérances ....
....
vie à votre population .... ou leur pro-
....

dant les hymnes que l'on compose en votre honneur, votre front n'a-t-il pas dû s'humilier sous
les fourches caudines d'une amnistie? Voilà cependant où conduisent ces tentatives et ces menées, de
quelques noms qu'on les décore, quelques intentions qu'on allègue pour les justifier! Hélas! le
monde est, comme l'enfer, rempli de ces bonnes
intentions inutiles...

La prévoyance est une partie capitale de la sagesse humaine; les actions privées la commandent,
combien plus... la rendent... nécessaire; les
actes qui... à de hauts intérêts, peuvent
mettre en mouvement de fortes passions...

saires amène un coup terrible, frappé par une
main puissante et irritée, quelque but que l'on
se soit proposé, sera-t-on à l'abri du blâme que
mérite une imprévoyance aussi désastreuse, qui a
aveuglé sur de telles conséquences? Quand on entre dans des affaires qui ne dépendent pas de soi
seul, il faut tenir compte de l'esprit des autres, et
ne pas agir comme si tout le monde voyait ou sentait comme nous. Malheureusement rien n'est plus
commun que cette méthode; rien n'est pire
davantage que les malheurs qu'elle produit.

CHAPITRE XIV.

Droit de changer de parti ;
à un parti contre lui-même.

LA mobilité, c'est-à-dire la faculté d'envisager
les objets sous plusieurs rapports, buts de l'esprit humain. L'erreur est le résultat
de sa faiblesse, des préjugés de l'enfance, des habi-
tudes de la vie, des intérêts et de mille autres
causes. Il faut toujours plaindre l'erreur, travailler
à lui substituer de meilleures notions, et se borner
à condamner l'erreur volontaire, obstinée, intéres-

poussant la démonstration de la vérité. Il faut
aussi distinguer soigneusement la mobilité proprement dite, d'avec la versatilité, et de plus la
versatilité qui provient du vice de l'esprit, ou celle
qui provient des intérêts : alors ce n'est pas l'esprit qui change, mais l'intérêt ; ce n'est pas l'esprit qui est coupable, mais le cœur. Mais il est
encore une autre versatilité d'un genre plus grave,
celle par laquelle des hommes qui ont formé ou
servi un parti, se disent éclairés de meilleures
notions, et quelquefois même tournent le pouvoir dont ils disposent, contre ceux qui le leur
ont confié. Comme d'usage, les prétextes du côté
des acteurs, et les éloges du côté de celui qui pro-
fite, ne manquent pas en pareil cas; cela s'appelle
devoir, retour au bon parti, aux bons principes,
désir du bien général : mais ici revient la morale
avec son inflexibilité, avec ses lignes droites sur
lesquelles seules elle permet de marcher, avec ses
prohibitions contre l'arbitraire des allégations que
les intérêts sont toujours si habiles à inventer. Or
voici ce que dit la morale.

Avant de prendre un parti, éclairez-vous,
réfléchissez, et quand votre choix sera fait en
connaissance de cause, servez avec dévouement
et droiture : si des lumières nouvelles portent
dans votre esprit une clarté assez forte pour

» vous faire, reconnaître l'erreur du premier
» choix, hâtez-vous de l'abjurer; mais sortez-en
» par la porte de l'honneur, celle de l'abandon et
» de la séparation ....
» ce choix, ne me dissez pas aujourd'hui ce que
» vous adoriez hier ; épargnez à vos semblables l'é-
» branlement que peut porter dans leur moralité,
» un acte dont la nature ne peut être bien appréciée
» par la plupart d'entre eux ; surtout ne désertez
» pas encore moins gardez-vous de livret ce que
» vous avez demandé et juré de garder ; re-
» mettez loyalement le dépôt que vous avez
» reçu, et ne le tournez pas contre ses constituans.
» Gardez de prêter, pour servir de voile à des in-
» tentions secrètes, le raisonnement que vous
» refusez ailleurs, et que chez d'autres vous
» regardez comme une arme sous ....
» ciel, redoutable et impartial (2) objet ....
» de ses engagemens que se épaissit pas jusqu'au
» honteux repli des fausses consciences ....
» admet que de droit et de pareil. Ne vous fai ..
» point placer à la tête des troupes, afin ....
» endormir la confiance .... les ....
» ensuite comme des sbires ....
» n'imitez pas ces princes ....

(2) Il ne s'agit que des choses ....

» poste le plus périlleux l'époux de l'objet de sa
» flamme, en plaçant au poste du danger, les sol-
» dats dont vous vous croiez le moins assuré;
» ne déclarez pas impossible et absurde l'ordre de
» choses que peut-être vous avez contribué à éta-
» blir, que vous avez brigué de défendre, et qu'hier
» encore vous juriez de maintenir au prix de
» votre sang. Ainsi parle la morale. Les hommes en particulier ne sont pas chargés ni res-
ponsables de tous les évènemens, mais ils le sont
de leurs actions propres, et celles-ci ne peuvent
jamais dévier des routes de la morale. Ces pensées,
justes en tous temps, sont plus particulièrement
nécessaires à exposer, à rappeler sans cesse dans une
époque qui présente beaucoup d'exemples contraires, et cependant lacune dans l'observation de
ces lois d'honneur et de morale. Les exemples les
plus effrayables sont multipliés sous nos yeux, ces
horribles pratiques qui sembleraient n'appartenir
qu'à l'Afrique et à l'Orient, ont fait invasion dans
les mœurs de l'Europe et de l'Amérique, et nous
menacent du retour des siècles de l'Italie, au
moyen âge. Comme rien n'est plus propre à faire
pénétrer la vérité dans l'esprit que la considération
de l'intérêt personnel, comme celle des effets d'une
passion chez les autres, est très propre à faire
triompher d'une passion correspondante, deman-

dons à ceux qui usent de corruption envers les autres, s'ils voudraient qu'on en usât envers eux, et
si l'usage habituel de la perfidie a la vertu de la
purifier de ce qu'elle a d'odieux aux yeux de
l'univers.

CHAPITRE XV.

Droit des citoyens hors du territoire.

La cité n'émigre pas ! comment ses droits pourraient-ils le faire et se séparer d'elle ? Ils sont in-
hérens au sol; ils s'arrêtent au dernier pouce de
terre qui fait partie de sa propriété. Comme ses
droits meurent là, tout autre droit provenu de
son intérieur, meurt aussi sur la même limite :
autrement, la tête serait inégale en droits avec
ses membres; ceux-ci auraient sur elle des droits
dont elle serait privée contre eux; le contrat social serait inégal et par conséquent détruit. Par la
nature des choses, le prince ne peut faire valable-
ment d'actes de juridiction hors de son territoire,
s'il n'y est pas amené comme chef de la nation,
soit avec les armées, soit pour prendre part à des
négociations; car alors il agit comme chef de la

société, en son nom, dans ses intérêts et avec ses forces; alors la société le suit en quelque sorte partout où il se porte. Quelques pays, comme l'Angleterre, ont des lois fixes et des règles établies pour ces sortes de cas; l'héritier présomptif du trône de la Grande-Bretagne, ne peut sortir du royaume sans une permission parlementaire. Séparé du sol, le citoyen ne peut exercer aucun pouvoir venant de lui ou contre lui; comment, hors de son sein, pourrait-il y juger, y condamner, y administrer? La séparation du sol de la patrie produit une suspension, une abdication momentanée des droits du citoyen sur elle; il les retrouve en rentrant dans la cité, et de même que les individus ne peuvent revendiquer aucun droit hors de leurs propriétés, de même les citoyens ne peuvent en exercer hors de la cité.

CHAPITRE XVI.

Confiscation. Ses diverses natures.

La confiscation est de deux espèces, politique ou civile. La première est celle qui est prononcée contre des délits purement politiques, tels que des rébellions, des faits de guerre. Ses motifs sont : 1° l'assimilation aux contributións levées sur l'ennemi; 2° l'indemnité des frais de la répression de la rébellion; 3° l'intention d'ôter à l'ennemi les moyens de nuire. La seconde espèce de confiscation, s'applique à la peine affectant la propriété, soit comme *amende* pécuniaire, soit comme disposition de la propriété au profit du fisc, dans le cas de condamnation pour faits purement criminels.

Parler de confiscation, est rappeler une des plus grandes sources des maux qui aient affligé l'humanité; le monde est devenu barbare par avarice, il a été ravagé pour être confisqué. Le droit affreux de la guerre, qui, chez les anciens, ne se bornait pas comme chez les modernes entre les seuls combattans et les autorités publiques, mais qui de plus s'étendait à tous les membres de la cité et à leurs propriétés, qui réduisait tous les hommes dans l'esclavage du vainqueur, a créé les confiscations. Quand l'homme devenait la propriété d'un autre homme, comment aurait-il conservé sa propriété, sa fortune? et, dans son esclavage, qu'en aurait-il fait? Un principe détestable, celui de l'esclavage, a entraîné une conséquence horrible, celle de la confiscation, tant tous les maux s'enchaînent. Cette pratique inhumaine est devenue générale. Jetez les yeux sur l'Histoire du monde, vous le trouverez rempli de ces cruels effets. L'Asie a vingt fois été confisquée par les divers peuples qui ont successivement occupé son sol, en s'exterminant tour à tour; c'est encore la loi politique et civile de cette despotique contrée; là, la vie et la propriété ne sont que des permissions accordées à l'homme par le bon plaisir d'un maître, libre de la retirer. L'Afrique a été confisquée par les Sarrasins, et subit la même législation que l'Asie. Rome donnait ses légions pour héritières aux vaincus. Quand la discorde civile arma Romains contre Romains, tout parti confisqua pour punir son ennemi, pour attirer les soldats. La confiscation inspira à Virgile ses premiers accens, préludes de ces chants qui feront le charme éternel de l'univers; l'avarice puissante et armée du glaive, *tua,* pour s'approprier

6..

la *maison d'Albe*. Plus tard, les barbares du nord ont confisqué le midi de l'Europe; l'Espagne, après avoir confisqué Juifs et Maures, a confisqué l'Amérique; l'Angleterre a été confisquée en détail, vingt fois, depuis Henry VIII; pendant 150 ans le glaive ne s'est pas reposé dans ce pays, et la *hache cruelle* du crieur public ne s'est jamais séparée de celle du licteur. Depuis la reine Élisabeth, l'Irlande a subi trois confiscations générales; trois fois la propriété a été transférée, en masse, des mains des catholiques à celles des protestans, soit indigènes, soit adventices. Louis XIV confisqua ses sujets protestans, coupables du seul crime de fidélité à leur religion. Les États-Unis ont confisqué *les Loyalistes,* dont tout le crime était d'avoir suivi les drapeaux du souverain reconnu, c'est-à-dire d'avoir suivi les règles du devoir. En France, la confiscation a toujours fait partie du droit politique et civil; elle a été appliquée aux vassaux, grands et petits, sur des provinces ou des fiefs, d'après les lois féodales qui avaient la confiscation en grand honneur, comme au civil elle l'a été sur les propriétés privées que l'on a vues, pendant plusieurs siècles, attribuées soit au fisc, soit à des particuliers, par suite de jugemens politiques ou civils. Une partie du domaine de la couronne et des propriétés de beaucoup de familles, parmi

nous, ont eu cette origine. Elle entrait dans les
mœurs du temps, comme on voit qu'au temps de
Louis XIV, on donnait à des particuliers telle ou
telle affaire.

A Dieu ne plaise que je profère jamais un
mot en apologie des confiscations ; mais si quelque motif pouvait en diminuer l'horreur, ce serait
celui de la guerre intentée et faite à l'État par des
particuliers. Toute guerre entraîne des frais : dans
les affaires civiles, le condamné est passible des
dommages et intérêts ; pourquoi ne le serait-il pas
dans l'ordre politique, à l'égard de la société,
comme on l'est aussi à l'égard de sa partie ? La
propriété de l'ennemi ne correspond-elle pas à
une cargaison d'armes, dont on est autorisé à
s'emparer dans l'intérêt de sa conservation propre ? La propriété qui paie l'épée destinée à vous
tuer, n'est-elle pas dans la même catégorie que
cette épée ? n'est-elle pas l'épée elle-même ? quelle
différence y a-t-il entre elles ?

La confiscation civile, celle qui dépasse les frais
de la procédure, viole le premier principe de la
justice, celui qui défend de punir deux fois le
même délit : *non bis in idem.* C'est la nature elle-
même qui a dit cela. La réparation due à la société
est accomplie par une seule peine. Les Romains
disaient qu'il fallait payer, *aut in œre, aut in*

ente; mais jamais ils n'ont dit qu'il fallait paye
la fois de sa personne et de sa bourse. Le cumul ɑ
peines est de toutes les choses de ce genre, celle ɑ
offense le plus la justice et la raison ; qu'y a-t-il
commun entre le délit d'un homme et sa propriét
Quand il a satisfait par la perte de sa vie ou de
liberté, peut-il devoir encore quelque chose ? A
comme les hommes se traitent entre eux, et com
leur aveuglement les conduit à la barbarie !
confiscation politique est moins odieuse, qua
elle tombe sur ceux que la loi ne peut atteindɪ
car il faut qu'elle ait le moyen de se faire crainɑ
et obéir : la loi n'est pas un vain nom, ni un ɪ
mulacre auquel on puisse insulter. Tel est le b
de la peine attachée à l'état de contumace : la
suit et atteint le condamné absent dans la par
de lui-même qui n'a pu le suivre, la propriét
mais elle la lui restitue quand il lui a satisfait ɪ
son obéissance. Si cette confiscation atteint ce
que la loi a déjà tenus sous sa main, alors elle ɪ
prend tous les caractères qui la font si légitim
ment détester.

L'assemblée constituante avait aboli la confisɑ
tion civile (1) ; c'est à elle que l'honneur de cet

---

(1) Décret du 21 janvier 1790, qui abolit la confiscati
des biens des condamnés dans tous les cas. — Décret ·

grande et humaine réforme appartient. Les autorités qui l'ont suivie, l'ayant rétablie, la Charte l'a de
nouveau abolie ; mais son ouvrage ne sera complet
que lorsque la peine de l'amende aura cessé d'être
réunie à des peines affectant la personne, telles que
l'emprisonnement. Des amendes de 500 à 6000 fr.
peuvent être prononcées contre des hommes qui
sont condamnés à cinq ans d'emprisonnement. Il
y a évidemment cumul de peines, il y a confiscation partielle et même intégrale, suivant les for-
tunes ; et dans *le droit*, pour la nature de la peine,
quelle est la différence entre *un centime et un
million?*

Dans une occasion solennelle, en 1815 (1), la

---

25 janvier 1790, contre le préjugé qui entache les familles des criminels.

(1) Henri Ier, petit-fils de Hugues Capet, confisqua, en
1040, l'apanage de son frère Eudes : le roi d'Angleterre,
Jean-sans-Terre, cité devant la Cour des Pairs de France,
au sujet du meurtre de son neveu, est déclaré rebelle pour
n'avoir pas comparu ; il est condamné à mort. Philippe-
Auguste s'empare, en vertu de cet arrêt, de la Normandie,
de la Touraine, de l'Anjou, du Maine, etc., et les réunit
à sa couronne. Louis VIII confisque les biens des Albi-
geois, dont saint Louis hérite. Les bûchers des Templiers
remplissent les trésors de Philippe-le-Bel ; Philippe-le-
Long chasse les juifs du royaume, dispose des confiscations.

onfiscation fut demandée contre ceux qui seraie[nt]
convaincus d'avoir pris part au 10 mars; c'éta[it]
aller contre la Charte, et remonter aux pratiqu[es]
qu'elle avait eu l'intention d'abolir. Les auteu[rs]
de cette proposition ne se doutaient pas du reto[ur]
qui l'attendait: tant il est vrai que de mauva[is]

---

comme l'on revenu public, et affecte leur produit à l'[ac]
quittement des rentes à vie et perpétuel[les]. La spoliati[on]
de Robert, comte d'Artois, amène les malheurs de Ph[i]
lippe de Valois; Charles V lui-même, adoptant la ju[ris]
prudence des confiscations, dépossède Édouard III d'A[n]
gleterre de plusieurs provinces en France, et l'arrêt [du]
parlement de Paris à ce sujet a peut-être plus efficacement
... leur récupération, que l'héroïque valeur de D[u]
guesclin. Louis XI devait se servir, contre le duc de Bou[r]
gogne et le comte d'Armagnac, [des] armes forgées par Sull[y]
et qui furent si terribles dans la main d'Octave. aussi ...
manqua-t-il pas? N'attenta-t-il pas contre les La Tré[...]
mouille pour se faire céder le duché de Thouars? Le m[a]
réchal d'Ancre, le maréchal de Montmorency, ne furent-
ils pas confisqués? leurs biens ne ... [la]
ruine de plusieurs familles? L'histoire de France es[t]
comme celle du reste de l'Europe. ...
... militaires et politiques. On ...
comme l'on fait, qu'on ne prétend ni accuser ni ...
mais qui, entrant dans les mœurs et dans les lois, ...
... une renommée si méconnue qui a tant apporté
... aucune époque ...

principes, susceptibles d'être invoqués par tous ceux qui ont le pouvoir de les appliquer, sont d'une dangereuse nature et doivent être proscrits. Ce sont des armes qui rebroussent dans la main qui les emploie.

CHAPITRE XVII.

Signes de la liberté du Prince.

Quelle question ? et que ne faut-il point pour qu'il soit indispensable de s'en occuper ? Je le ferai donc, en obéissant à cette nécessité que je n'ai pas créée, mais je le ferai avec tous les ménagemens que son titre même commande, et dont je reçois la loi directe de mes intentions propres, encore plus que de toute autre part, loi que j'ai fidèlement observée jusqu'ici.

Depuis quelque temps, il a été souvent question de la liberté *du Prince* : des faits bien graves ont eu lieu par rapport à elle. Les choses sont venues au point de rendre des éclaircissemens indispensables : toute idée de devoir porte avec elle celle de la nécessité de la connaissance de ce devoir, de son origine, de son étendue et de ses conséquences : la société, quelque forme qu'elle ait, n'est pas une chose vague, arbitraire, c'est un contrat de sûreté, qui ne peut résulter que de règles fixes et connues : il faut que la bonne foi, que le désir de remplir ses obligations, sachent à quoi s'en tenir, autrement on se trouve livré au plus désolant arbitraire, et la société peut dégénérer au point de devenir un piége véritable et une espèce d'embuscade d'où la loi sort à l'improviste, et frappe des hommes surpris et ignorant ce que l'on exige d'eux... Quand cette question atteint les trônes, elle augmente de gravité : ceux-ci ont de grands droits, ils sont pourvus de grands moyens de les exercer : plus de clarté doit donc les entourer : leur rien soustraire, leur rien refuser, ne doit pas entrer dans la pensée ! mais encore faut-il connaître ce qui leur appartient, ce qui leur est dû, et jusqu'où s'étend la dette... Malheureusement ces précieuses notions manquent généralement : aussi la question actuelle est-elle toute neuve, et sa nouveauté indique quelle est *la nôtre*, dans toutes les questions de droit public : il faut le dire, l'Angleterre exceptée, le droit public est encore tout neuf pour l'Europe : c'est pour elle un pays de découvertes. Avant d'entrer dans cette question, où nous ne sommes guidés par aucun principe convenu, par

aucune lumière certaine, pour prévenir tout malentendu, nous déclarons que nous ne concevons
pas un prince sans liberté, et que la vue d'un
prince sans liberté nous blesse autant que celle
d'un peuple dans l'esclavage. . . Liberté légale
à tous, liberté de délibération pour tous, dans
leur esprit et dans leur conscience, fidélité à la
parole et à l'acte manifestés à l'extérieur, d'a-
près cette délibération, telle nous paraît être
toute la théorie de la liberté des actes humains,
et dans elle on peut apercevoir une méthode
d'abréviation pour beaucoup de choses dont on
s'est longuement occupé jusqu'ici. Comme on doit
le présumer, il n'est pas question de discuter ici
pour savoir s'il est jamais permis de priver *le*
Prince de sa liberté. Il est des questions d'hon-
nêteté publique, et l'on ne peut pas s'oublier
jusqu'à les traiter.

Qu'entend-on par liberté? où commence-t-elle,
où finit-elle? Peut-il même y avoir absence
de liberté pour qui est décidé à souffrir? N'est-
on pas libre quand on le veut, même dans les
fers? Que de nuances, que d'idées renfermées
dans un seul mot! A combien d'interprétations et
de manières d'envisager la liberté ne prétendent-
elles pas? Donnons un aperçu de la latitude
dans laquelle ce mot semble errer, et voyons s'il

est possible de découvrir et de fixer quelques principes propres à servir de fil dans ce labyrinthe : 1° la contrainte formelle, et qu'on peut appeler grossière, celle qui consiste à s'emparer de la personne., et à la déterminer par la présence d'un péril capable d'inspirer cet effroi que les moralistes qualifient, *metus cadens in constantem virum*, est destructive de la liberté qui constitue les actes humains. Ces mots caractérisent très bien, et distinguent avec justesse le danger fait pour ébranler le courage, d'avec celui qui ne peut paraître réel qu'à la pusillanimité. D'accord avec la raison, la morale se refuse à reconnaître les mêmes droits à la fortitude et à la peur : la surprise, une violence inattendue, peuvent, dans le moment, faire perdre la liberté d'esprit nécessaire pour former une délibération véritable ; là, de nouveau, il n'y a pas de liberté : car, il n'y a pas faculté de délibérer : toute délibération est une preuve de liberté ; elle suppose à la fois l'opération de l'esprit qui examine et pèse, et celle de la volonté qui choisit. Or, la liberté n'est qu'examen et préférence ; un acte de contrainte réelle n'a rien de commun avec une acceptation prolongée, avec une exécution. devenue un état habituel, avec une adhésion réitérée sans motifs.de violence présente et agissante;.

surtout lorsque des protestations multipliées de satisfaction, et même des félicitations sur le nouvel état, peuvent s'y trouver jointes. Dans le *droit*, les actes subséquens d'amitié annullent *le droit* aux réclamations contre les violences antérieures ; la contrainte, qui est la suite naturelle d'actes faits en liberté, n'annulle pas la liberté ; il n'est pas agréable de perdre son argent et ses provinces : dans les deux cas, il y a diminution de fortune et de pouvoir. Cependant, dans les deux, serait-on reçu à dire, *je ne paierai pas, je ne céderai pas mon territoire, je ne suis pas libre?* Faire une chose, est adopter à l'avance ses conséquences notoirement connues ; la perte entière du pouvoir porte évidemment avec elle le signe du défaut de liberté, mais en est-il de même pour la simple diminution du pouvoir, ou pour un autre mode de l'exercer ? Si le changement provient de la nécessité de régulariser un pouvoir désordonné dans son principe et dans ses actes, n'y a-t-il de liberté que par la pleine conservation, et par la faculté d'en user à discrétion ? Le vœu de l'ordre social est-il rempli par là ? car enfin, il faut bien compter aussi les sociétés pour quelque chose ; elles qui font tout, qui paient tout, qui soutiennent et défendent tout par leurs bras et par leur argent, n'ont-elles pas aussi droit à être prises en considération ? n'ont-elles pas aussi droit à la liberté de leurs actions ? N'y a-t-il de liberté que lorsqu'on peut annuller à volonté tout ce que l'on a accepté, ou promis, pour arriver au moment où l'on peut éclater en sûreté ?.. Voilà beaucoup de sujets d'examen et de doutes, comme d'avertissemens de ne pas prononcer avec la promptitude de la confiance sur des questions aussi compliquées... La raison se trouve dans le juste milieu des choses : elle dit que la liberté du Prince ne doit jamais être violée ; que celle du peuple ne peut pas l'être davantage : le pouvoir légal et bienfaisant, le peuple soumis légalement, voilà le bon ordre dans la société, ce qui est propre à remplir sa destination, et à prévenir les révolutions. Les sociétés humaines sont des *êtres de raison ;* chez elles tout doit se passer par raison, et celle-ci conçoit à merveille la société sous la forme qui vient d'être indiquée, et la rejette sous toute autre.

2°. Quelque nombreux que soient les rapports de cette question, telle qu'elle est présentée jusqu'ici, cependant ils n'en forment que la moitié. Elle n'a encore été montrée que du côté du Prince, voyons-la maintenant du côté des sujets... Une fatale habitude fait parler des actes *du Prince* comme de ceux des particuliers ; on dirait que

les uns n'ont pas des conséquences qui ne peuvent jamais suivre des autres : il n'est aucun devoir attaché, pour les individus, aux actes d'autres
individus, dans le temps qu'il n'est presque pas
d'actions *du Prince*, on pourrait presque dire, de
mouvemens de sa part, qui ne portent avec eux
une obligation quelconque pour les sujets : mais
lorsqu'il s'agit de devoirs qui sont liés avec l'idée
de la liberté *du Prince*, à quoi les sujets doivent-
ils et peuvent-ils s'en rapporter ? Ont-ils le devoir et la possibilité de rechercher, à chaque acte
émané de lui, le degré de liberté dont il a besoin pour être réputé valable ? Presque tous les
actes du sujet faits d'après ceux du Prince, ne
sont-ils pas commandés sous des peines coërci-
tives très sévères? Ainsi, le service militaire est
exigé d'eux sous les peines d'usage : l'être, le
sujet qui en est passible, peut-il refuser ce service, sous prétexte de défaut de liberté dans le
Prince? Il sera fusillé s'il ne marche pas, il sera
mulcté de plusieurs manières s'il a marché. Qui
sont en général ces hommes ? Des hommes que
leur éducation et leurs occupations ordinaires
privent des connaissances nécessaires pour bien
évaluer des positions de cette nature, et qui ne
peuvent guère voir et juger au-delà de ce qui

tombe sous les sens, et qui frappe leurs yeux. .
En Portugal, il est ordonné à des troupes de marcher contre le comte d'Amarante; quelque temps
après, elles sont exceptées de l'amnistie à ce titre. .. Les sujets, et surtout des hommes ignorans, et forcés par les lois qui pèsent sur leurs
têtes, ont-ils d'autre moyen d'évaluer un acte que
son titre public? peuvent-ils se refuser à ce qu'il
exige, et sont-ils tenus de deviner que lorsqu'on
ordonne, on défend, et que quand on défend,
on ordonne : voilà cependant le défilé dans lequel, en suivant une autre règle d'indication que
celle des actes publics, on se trouve placé. Semblablement quand *un prince* emprunte, lorsqu'il
sollicite les prêteurs par l'appât des conditions, lorsque partout cet emprunt prend place parmi ceux
qui jouissent de la protection des lois du pays, lorsque l'ambassadeur du prince occupe dans toutes
les Cours la place qu'il y occupa de tout temps,
et que les leurs sont placés de même dans la
sienne propre; lorsque l'argent livré de bonne
foi par des hommes dont la plupart sont hors
d'état de juger des affaires d'État, a été consommé
et employé au service de l'État, à la subsistance
même *du Prince*, celui-ci peut-il exciper de ce
qu'il dit être un défaut de liberté, et l'opposer

à ses créanciers (1) ? Peut-on leur faire l'application de la politique, qui, dans la ruine des prê-

---

(1) D'après le discours de MM. Berthier et Frénilly,
séances des 8 et 9 juillet 1824, on dirait que ce sont les
révolutions qui ont prêté et non pas des particuliers qui,
sans s'occuper des révolutions passées, présentes et à venir,
prêtent leur argent de bonne foi à un Gouvernement,
comme ils l'auraient fait à tout autre. Cet emprunt est
admis sur toutes les bourses légales; les révolutions sont
des *êtres abstraits*, les prêteurs sont-ils juges de l'emploi
de leurs fonds et obligés de le surveiller? Les prêteurs
à l'Espagne sont dans une position bien plus favorable
que les prêteurs à l'Amérique et à la Grèce. Ceux-ci
sont-ils des révolutionnaires auxquels une banqueroute
serait aussi une bonne leçon à donner?

Si l'Espagne n'avait pas répudié ses emprunts, elle verrait ses effets, comme ceux de Naples, de 95 à 100. Elle
aurait trouvé 300,000,000 de francs, et elle aurait pu agir
fortement sur l'Amérique ; il semble que ce soit la
bonne étoile de celle-ci qui ait dicté la résolution de
l'Espagne.

Les autorisations légales des emprunts et des effets
publics, sont déterminées pour les sujets, par leur *cote
légale*, parmi les effets de tous les États reconnus. Ainsi
les effets de l'Amérique et de la Grèce, ne sont pas
admis dans les cotes légales de la bourse de Paris; mais
les emprunts espagnols des cortès l'étaient; ils le sont
encore à côté de l'emprunt royal, à côté des effets
français et étrangers de tous les pays. Comment les

Iᵉ Partie.

tems actuels, neut montrer et élever un fond contre les révolutions à venir ? Les actes publics sont valides, quand ils sont revêtus des formalités publiques voulues par les lois : les contrats entre les particuliers requièrent la sanction et la garantie de la société, quand ils lui présentent accomplies les formalités qu'elle exige. Pourquoi n'en serait-il pas de même des actes *du Prince*, non arrachés par une violence manifeste ? Pourquoi des actes publics, habituels, faits dans la forme ordinaire, ne sont-ils pas un garant et une preuve de liberté ? Il y a de vrais défauts de liberté : ainsi Louis XVI en a manqué manifestement le 6 octobre : il en a encore manqué au retour de Varennes. Ferdinand à Bayonne, à Séville ; le roi de Portugal, à Bemposta le 30 avril, n'étaient pas libres. Dans tous ces cas, la violence est évidente : une abdication, une cession de l'Espagne signée à Bayonne, était entachée du défaut visible et grossier de liberté qui

---

précours pourraient-ils être tenus à deviner l'illégitimité à venir de ce qui était mis sur le pied de tous les effets non sujets à contestation ? Comment transporter *à la révolution* ce qui a été fait avec bonne foi ? et dans ces questions, c'est toujours la bonne foi que l'on consulte et qui sert de règle.

frappe tous les yeux, ceux des ignorans comme
ceux des savans; mais il n'en a pas été de même
pour les témoignages répétés de satisfaction et
de tendresse, adressés de Valençay, ou donnés à
Madrid : là, il y avait système et calcul, produits et preuves de liberté.

3°. Les sociétés humaines liées entre elles par
des rapports multipliés et réciproques, corres-
pondent par des représentans, qui sont leurs images accréditées mutuellement auprès d'elles. Les
Princes qui accréditent ces agens, connaissent les
droits de la souveraineté: comme ils ne font point
partie de l'État vers lequel ils envoient, comme
ils sont indépendans, pour juger, ils ont de leur
côté l'impartialité et la sécurité; ils sont donc
très bons juges de l'état de ce pays : si des troubles y surviennent, ils ont tous les moyens d'en
connaître l'origine, la nature, les conséquences,
et de se conduire d'après ce qu'ils croient con-
venable. Si le prince est tombé dans un état de contrainte réelle, eux, qui sont libres, le verront bien,
et peuvent le dire en sûreté : voilà l'avantage de
leur position, qui est toute de liberté, pendant
que celle du sujet peut être toute de contrainte. Si
les souverains continuent de reconnaître les actes
publics *du prince sujet de la contrainte présumée,*
s'ils n'allèguent rien contre cette contrainte, la

7··

présomption de sa liberté est manifeste ; et ce
que les souverains font, alors les particuliers peuvent se croire autorisés à le faire aussi : c'est ainsi
que lorsque les empereurs romains, se précipitant
mutuellement du trône, laissaient incertain le
centre d'autorité, les premiers chrétiens rappor-
taient leur obéissance au sénat, et reconnaissaient
celui que ce corps avait reconnu : car enfin les
hommes ne peuvent rester ni sans règles, ni sans
indications de ce qu'ils ont à faire. La présence
des représentans des souverains doit agir de même
sur les yeux des sociétés : comment pourraient-
elles se régler sur les motifs secrets qui peuvent
faire affecter les dehors de la liberté, sous le poids
de la contrainte réelle, et donner la préférence à
ce qui ne paraît pas, sur ce qui paraît ? La présence des ambassadeurs dans un pays est le signe
de l'existence de la paix ; leur retraite est le signe
de la fin des relations amicales : par la même raison, leur présence est le signe que *le Prince est
reconnu* dans un état qui ne s'oppose pas à ce
que ses actes soient valables, et par conséquent
qu'il est libre, car tout acte hors de la liberté
est nul. La retraite des ambassadeurs est le signe
que cette liberté a cessé ; et comme, dans le premier cas, on peut conclure la fin de la paix, de
même, dans le second, on peut conclure celle

de la liberté (1). Dans cette hypothèse, la souveraineté de l'Europe est *le jury dans l'affaire
d'un Prince* ou *d'un Etat* particulier ; cet ordre
est conforme à celui de la nature, qui veut que
chacun soit jugé par ses pairs. Cette règle paraît
d'autant meilleure, qu'elle est propre à résoudre
une question difficile, et qui s'est souvent représentée, celle de l'*obsession de l'esprit du Prince* ;
il peut arriver qu'elle aille jusqu'à une espèce
d'abdication, d'aliénation de l'esprit propre du
Prince en faveur d'un homme qui a réussi à s'en
emparer. Les moyens en sont divers, les exemples en sont nombreux, depuis Ruffin sous Ar-
cadius, jusqu'au maréchal d'Ancre, et au Prince
de la Paix. Dans ces cas, il y a éclipse de fait,
et transport réel du pouvoir *du Prince au sujet.*
Ce transfert a quelquefois été marqué au point
de provoquer des actes insurrectionnels, et même
des guerres. Qui peut juger dans des circonstances

---

(1) Ces principes sont entièrement conformes à ceux
que l'Angleterre et les États-Unis ont proclamés par
leurs actes dans les évènemens du midi de l'Europe. Je
m'y tiens en attendant de meilleures notions.

Sur toutes les questions *d'intervention*, voyez la con-
troverse entre MM. Canning et de Châteaubriand, avec les
discours de celui-ci à la Chambre.

aussi compliquées, ou le faire mieux que les dé-
positaires de la souveraineté, qui, connaissant
ses droits, l'état réel des choses, indépendans de
tout ce qui peut menacer les particuliers, sont
placés bien plus favorablement qu'eux, pour pro-
portionner leur conduite aux exigences de la position. Le tribunal de la souveraineté élevé au
milieu et à la fois au-dessus de la société, la
dominant par l'éminence du poste qu'elle occupe,
paraît être le fanal le plus propre à la guider,
le plus sûr pour les sujets, et pour ceux-ci le
moyen le plus respectueux de parvenir à connaître ce qui doit être fait.

4°. La liberté ne se scinde pas ; elle est, ou
elle n'est point; la position qui prive de la liberté
dans un sens, ne la laisse pas dans un autre:
ainsi, dans l'état dit de contrainte, le Prince
conclut des traités, il cède ou acquiert des territoires ; bien plus, il fait la guerre ou en me-
nace : sa liberté ne sera pas contestée pour ces
actes, et elle le serait pour les autres? En 1790,
l'Espagne et l'Angleterre arment dans l'affaire
du *Norka-sund* : la France arme aussi, et réta-
blit la paix. L'Angleterre allégua-t-elle l'état de
contrainte de Louis XVI? En 1821, Ferdinand
cède les Florides aux États-Unis : a-t-il réclamé
sur l'état de contrainte où il dit s'être trouvé

alors ? S'il y avait liberté dans ces cas, pourquoi cesserait-elle d'exister et d'être reconnue pour les autres ? Les choses peuvent même aller plus loin, et impliquer l'ordre religieux. En 1789, Louis XVI nomme aux siéges épiscopaux de Vienne, de Boulogne et de la Rochelle ; le pape institue comme il avait coutume de faire : aucune réclamation sur l'état de contrainte. Comment le chef du culte catholique aurait-il pu accepter, ou bien aurait-il craint de rejeter un acte qui eût été le produit de la contrainte ? Semblablement, en Espagne, deux évêques nommés par Ferdinand en 1821, ont été institués par le pape, sans la moindre observation sur le degré de liberté avec lequel ce Prince aurait fait le choix des sujets présentés à l'acceptation du souverain pontife : or, s'il y avait liberté dans ces actes, comment y aurait-il eu contrainte dans tous ceux qui ont été faits dans une position absolument semblable ?

5°. Terminons par une observation puisée à la source des plus solides jugèmens, la nature de l'homme : le siége véritable de sa liberté, l'asile d'où aucune violence ne peut la chasser, sont sa conscience et son cœur ; il est toujours libre, quand son cœur ne lui faut pas, et, en définitive, toute cette question de liberté dont on fait tant de bruit,

n'est qu'une question de courage et d'honneur...
Régulus était libre de rester à Rome : la bonne
foi de Carthage eût pu servir d'excuse à une vertu
ordinaire; mais celle de Régulus lui avait appris
qu'on n'est pas dégagé de sa parole par la four-
berie de son ennemi : il retourna vers ses bourreaux. Pie VII, le dernier roi de Sardaigne, ont-
ils manqué de liberté, pour refuser ce qui leur
paraissait contraire à leur honneur et à leurs devoirs? aussi l'admiration du monde ne leur a pas
manqué. La force même contre l'ennemi, manque-t-elle en pareil cas? Le captif de Savonne,
qui n'avait que des mains désarmées, a plus em-
barrassé Napoléon, que les bataillons de l'Autriche
ne l'ont fait à Wagram. A Bayonne, les refus
de Ferdinand firent éprouver plus d'angoisses à
Napoléon, que l'insurrection de l'Espagne ne l'a
fait depuis. Les Princes ne se rendent pas assez
de justice à eux-mêmes; ils ne connaissent pas
toute la force morale dont ils sont investis, et
dont ils peuvent disposer. Pie VII, et Ferdinand à
Bayonne, ont montré jusqu'où elle peut aller (1).

_____

(1) J'en ai tracé le tableau dans les Mémoires sur la
révolution d'Espagne de 1808. J'en ai écrit en témoin.
Ce n'est point Ferdinand qui a cédé la couronne d'Espagne, c'est Charles IV, ou plutôt c'est le prince de la Paix.

François 1ᵉʳ ne sut pas en tirer parti à l'égard de Charles-Quint, abusant de la victoire : s'il avait su souffrir ou abdiquer, il n'eût pas signé un traité dans lequel le cœur désavouait en secret la main ; il n'eût pas eu à le déchirer en touchant la frontière, et en s'écriant, *Je suis libre*, paroles qui forment un contraste douloureux avec le mot qui est le réparateur d'une partie de son histoire, *tout est perdu fors l'honneur*. Un système de condescendance absolue jusqu'au moment où l'on pourra éclater sans danger, n'est ni généreux ni sûr; car comment supposer qu'il ne provienne pas de motifs secrets; qu'il ne sera pas reconnu, et qu'on n'aura pas placé un danger là même où l'on cherchait des sûretés ?

Ferdinand a opposé la plus ferme résistance; et, sans l'arrivée de son père à Bayonne, sous l'inspiration du mauvais génie qui a fait tous les malheurs de l'Espagne, cette affaire aurait pris une tout autre direction. Jamais il n'y eut d'embarras pareil à celui que les refus de Ferdinand faisaient éprouver à Napoléon, nullement préparé à cette résistance qui bouleversait tous ses plans, et qui se trouvait engagé à la face de l'Europe dans une affaire où il ne pouvait ni avancer ni reculer. Il faut l'avoir vu, pour savoir ce qui se passa dans l'esprit de Napoléon pendant que dura le combat.

CHAPITRE XVIII.

Temps et Lois révolutionnaires.

Il faut appliquer à ce chapitre ce qui a été dit
au précédent, relativement à sa double nature,
celle qui fait naître cette question, et celle qui
rend indispensable de s'en occuper. Depuis quelques années, on a dit et fait tant de choses avec
le mot *révolutionnaire* appliqué au temps, aux
lois, aux hommes, qu'il est de toute nécessité
de rechercher sa signification véritable. Il est à
croire que, dans cette occasion, il en sera fait
une ample mention. Déjà la proposition de M. de
La Bourdonnaye a spécifié *l'indemnité intégrale
pour les propriétés vendues en vertu des lois révolutionnaires.* Ces paroles sont la répétition de
tout ce qui se trouve dans les écrits et dans la
bouche de ceux qui professent les mêmes opinions que cet orateur : on peut donc s'attendre
à les voir revenir fort souvent dans cette question.

D'abord, qu'entend-on par *révolutionnaire* ?
Est-ce tout ce qui est fait en vue de révolution
soit à accomplir, soit à maintenir ? Il semble que

telle doive être la définition prise *in sensu lato*...
Mais cette latitude n'a-t-elle pas une partie incompatible avec la raison et la justice ? n'est-elle
pas propre à confondre le bien avec le mal, l'in-
nocent avec le coupable, les produits du temps
et de la nécessité avec ceux de l'ambition, des
intérêts particuliers, et de tout ce qui constitue
l'arbitraire? Les révolutions sociales, ces filles du
temps, sont-elles révolutionnaires ou bien des
maladies préparées dès long-temps dans le corps
social, comme celles qui se déclarent chez l'homme
d'après l'action lente d'un vice caché dans son
organisation ? Qui fait qu'une époque entière peut
être considérée comme révolutionnaire? Les lois,
les actes mêmes les plus injustifiables, sont-ils nécessairement compris dans la classe *révolutionnaire ?* Que faut-il donc entendre par ce mot?
Il semble facile de remonter à sa racine, en re-
montant à celle même de la société : c'est là que
l'on trouve tout.

Les sociétés ont une destination certaine : celle-
ci ne peut être remplie que par les lois propres à
sa nature; la société est un lieu de sûreté, *un châ-
teau-fort* où l'homme vient placer son existence,
sa liberté, sa propriété, pour en jouir sans trouble,
en acquittant les charges de la société et en obéissant à ses lois. Tout ce qui favorise ce but est so-

cial, tout ce qui s'y oppose directement est anti-
social et doit être estimé *révolutionnaire*. Mais
pour que cette note infamante et irritante, c'est-
à-dire susceptible d'annuller, soit imprimée à un
temps, à un code, à un gouvernement, il faut
que cette contradiction au but des sociétés, fasse
le fond de la fabrique du gouvernement du
temps; et, comme l'a fort bien dit *Burcke*, qu'il
soit *révolutionnaire par établissement*, c'est-à-
dire établi exprès sur des principes opposés à
ceux de la sociabilité. Le premier devoir de
l'homme est envers Dieu! Le Gouvernement a
l'obligation de favoriser et de protéger tous les
moyens réguliers dont l'homme peut se servir
pour remplir ce devoir, et rendre son culte à la
Divinité. Si, au contraire, le Gouvernement s'y
oppose, s'il substitue un culte dérisoire ou manifestement impie, alors il agit contre les élémens
même de la société, et il est évidemment révolutionnaire. De même pour la vie des sujets, le
Gouvernement est l'agent de la société pour faire
jouir ses membres de la garantie qu'il leur a promise, et qu'ils sont venus chercher dans son sein ;
s'il se fait un jeu de les en priver, s'il crée des
peines exprès pour les faire retomber sur eux, si les
tribunaux, au lieu d'être les agens de la justice, ne
sont que ceux de ces actes barbares et d'intérêts pri-

vés; s'ils condamnent sans distinction, sans règles et avec dérision, s'il en est usé de même pour la liberté et pour la propriété des citoyens, alors la destination sociale est faussée, le Gouvernement est destructif de ce qu'il est fait pour conserver, *il est révolutionnaire,* il l'est par établissement; dès-lors il n'est plus un Gouvernement, il ne présente que l'application d'une force déréglée, odieuse et privée de tout droit; car il a été établi pour conserver et non pour détruire. Par conséquent, pour qualifier de *révolutionnaire* une époque, ou bien un Gouvernement, il faut avant tout considérer leur opposition ou leur conformité essentielle et fondamentale avec la destination des sociétés, et les moyens qui servent à l'entretien de la société. Je dis essentielle et fondamentale, et je le dis avec *Burcke;* car des actes injustifiables en eux-mêmes, ne sont pas capables de vicier un temps tout entier non plus qu'un Gouvernement, au point de devoir les faire déclarer revolutionnaires et inhabiles à produire des effets légaux. Ainsi, Tibère et Néron ont porté au dernier degré les excès auxquels l'homme peut s'abandonner; l'époque augustale, celle des douze Césars, fut presque tout entière une époque de crimes, de fureurs et de folies. Les règnes de Henry VIII, de Marie, de Jacques II, de Christiern, de Philippe II, présen-

tent une foule d'actes aussi choquans pour la justice que pour l'humanité; la Saint-Barthélemy est
l'acte le plus monstrueux de l'histoire; la législation à l'appui de la révocation de l'édit de Nan-
tes (1), atteignit l'humanité jusque dans ses dernières limites; l'incendie du Palatinat excéda tout
ce que le droit de guerre peut admettre; et cependant tous ces temps ont-ils été compris dans la
catégorie des *révolutionnaires*, dans la dénomination générale qu'on applique sans distinction aux

---

(1) Les lois de confiscation prononcées contre les protestans, les abjurations, l'éducation des enfans des protestans dans les écoles catholiques, les supplices et fina-
lement l'édit pour défendre aux médecins de visiter les
malades qui refusent deux fois d'admettre le ministre
du prêtre catholique; notre civilisation actuelle s'oppose
même à ce que nous concevions une législation semblable. Celle du temps la comportait; elle fait que le
blâme lui en revient autant qu'aux auteurs mêmes de
ces lois. Avoir aboli la possibilité même de ces lois,
montre les belles et durables conquêtes de la civilisation; car elles sont toutes dans l'ordre de l'humanité,
et les inhumanités qu'elles ont bannies ne reviendront
plus. La durée est un des premiers attributs des effets
de la civilisation; ce qu'elle a détruit ne se recrée pas,
au moins d'une manière durable, et les efforts pour le
rétablissement, aboutissent d'ordinaire à confirmer la
première destruction.

faits de la révolution ? L'horreur que ces faits inspirent si justement, ôte-t-elle leur validité aux autres actes émanant de ces mêmes autorités, et remplissant le vœu social ? Quelles seraient les conséquences de l'application de cette dénomination générale faite d'après des faits particuliers ?

Il faut donc procéder dans cette question avec maturité, examen et discrétion ; sans cela, les applications erronées aux hommes et aux choses ne peuvent manquer. Cependant, rien n'est plus commun que d'entendre : *cela est révolutionnaire ; il est révolutionnaire ; ces idées, ces pratiques, cette tendance, sont révolutionnaires :* aussi, la majeure partie du temps, on trouve que ces qualifications n'ont pas d'autre signification que celle-ci : *jé n'entends pas cela, cela est contraire à mon opinion !* Par conséquent, il faut recourir à des notions plus fixes et mieux basées, pour donner au mot *révolutionnaire* la signification que la nature des choses lui attribue, et qui sort de cette évidence qui frappe tous les yeux, telle qu'est celle du régime de 1793, évidence fort rare par elle-même. Mais qui peut assigner cette nature des choses et la montrer *dans un temps et dans des actes donnés* ? Sera-ce chaque individu ? Mais s'il est intéressé et animé par les motifs qu'inspirent les intérêts privés, si sa position né-

cessairement bornée ne lui permet pas de porter
sa vue au loin, et de saisir tous les rapports des
choses, alors chacun déclarera révolutionnaire
tout ce qui ne lui conviendra pas dans un temps
ou dans une loi ; il pourra y avoir autant de sortes
de révolutionnaires, qu'il y aura de sortes d'intérêts et d'esprits. Une règle générale d'appréciation
est donc nécessaire, et, dans la difficulté de la
trouver, n'est-il pas à propos de revenir au moyen
indiqué dans le chapitre précédent, celui de considérer la conduite des représentans de la souveraineté? Ne trouve-t-on pas dans la présence ou la
retraite de ces images des chefs des sociétés, l'i-
mage même de l'état de la société dans laquelle ils
restent ou dont ils se retirent? n'y aperçoit-on pas
la ligne de démarcation entre le temps de la sociabilité et celui de sa destruction? Les souverains
sont censés ne pouvoir approuver par la présence
de leurs représentans, un ordre de choses directement subversif de la sociabilité ; la retraite de
ceux-ci annonce l'arrivée de cet état, leur présence
prouve son absence ; et comme les ambassadeurs
se retirent quand la liberté du prince a cessé, de
même ils s'éloignent quand la sociabilité a pris
fin ; et dans ces deux cas, leur absence a la même
signification. On verra plus bas que c'est ainsi
qu'il en a été usé dans le cours de la révolution.

TROISIÈME DIVISION.

CHAPITRE XIX.

Avertissement.

Nous sommes arrivés au point de faire l'application des principes établis plus haut au fait particulier de l'émigration. Avec lui, se présentent plusieurs choses qu'il ne faut ni confondre, ni perdre de vue ; nous avons à conserver à cet écrit son caractère véritable, et à en écarter tout ce qui pourrait le dénaturer ; nous connaissons la délicatesse de notre position dans cette question, et nous avons à y pourvoir.

Trois choses dominent dans ce sujet : 1° le droit, 2° le fait, 3° une demande d'indemnités. Que recherchons-nous en le discutant, le voici : *l'émigration armée dans son principe et dans ses moyens, a-t-elle avec le droit cette conformité qui légitime une indemnité pour les pertes qu'elle a essuyées par le fait de l'émigration, et la France est-elle passible de cette indemnité ?* Je n'entends pas sortir de ce cercle, il comprend

Ire Partie.   8

toute la question. Les considérations politiques
relatives à l'indemnité auront leur tour, et seront
à leur place soumises à l'examen; mais elles sont
d'un ordre secondaire, et ne peuvent appartenir
au droit : or, c'est celui-ci que nous devons seul
considérer.

L'émigration est un fait historique, elle fait
partie de cette masse immense d'évènemens qui
ont occupé la scène du monde depuis trente-cinq
ans. C'est un fait accompli, terminé, hors de toute
possibilité de renouvellement, et par conséquent,
sous tous les rapports, tombé dans le domaine de
l'histoire. L'émigration a été un système politique;
en cette qualité, elle est soumise à la discussion
comme tous les actes de la même nature ; mais il
y a quelque chose au-delà, c'est la demande formée par l'émigration ; dès-lors, il y a une cause et
deux parties, le demandeur et le défendeur. Dans
toute affaire, toutes les parties doivent être citées,
et toutes les pièces être produites. L'élévation du
rang ne dispense ni de l'hommage à rendre à la
justice, ni des tributs à payer à l'histoire; les intentions ne sont ni des supplémens, ni des excuses à l'égard du droit; les plus louables peuvent
n'être que des aberrations dans l'ordre du droit; il
est donc licite et indispensable d'user des témoignages que nous ont transmis des chefs princi-

paux et des hommes accrédités dans l'émigration ; ce sont des témoins nécessaires : l'émigration n'en voudrait pas d'autres, si elle avait à choisir ses défenseurs ; ce sont des témoins irréprochables, car ils ont tout vu, car leurs qualités personnelles seraient en toute cause les plus solides garanties. Nous userons de ces témoignages, à part de toute considération sur le *talent* des écrivains, et nous le ferons avec cette sobriété qui se renferme dans ce que la nécessité exige.

Le tableau qui va suivre, sera triste en lui-même ; il pourra devenir attristant pour des hommes qui, entraînés par leurs intentions ou par défaut de jugement, peuvent avoir agi sans une attention suffisante ou sans une pleine connaissance de cause. De plus, les temps de partis sont des temps fâcheux pour la morale. C'est alors que l'on jette le plus facilement des voiles sur sa statue, et que la délicatesse sur les moyens est la plus émoussée ; les hommes n'y sont guère occupés que de se surmonter réciproquement, et s'y épargnent peu mutuellement. A la fin de la lutte, revenus au calme, à la considération véritable des choses, peut-être refuseraient-ils de reconnaître la route par laquelle ils ont passé. Voilà précisément la position dans laquelle nous allons entrer, et qu'il est bon de faire remarquer, pour savoir précisément ce que nous entendons, et prévenir de fausses interprétations.

Historique de l'Emigration. — Récit de M. d'Ecquevilly.

On compte cinq espèces d'émigrations : 1° l'émigration de sûreté ou précautionnelle, celle qui eut lieu après le 14 juillet 1789, d'après les ordres de Louis XVI, et qui continua pendant cette même année comme mesure de sûreté, ou moyen de s'éloigner d'un triste théâtre, mais à part de toute intention politique : il est naturel que les hommes qui ont beaucoup marqué dans le parti qui a succombé, s'éloignent temporairement des lieux où leur sûreté pourrait se trouver compromise, surtout quand il y a eu intervention populaire : telle fut la première émigration, qui a commencé le 17 juillet 1789 ; 2° l'émigration armée ; 3° la nouvelle émigration de sûreté, celle qui commença après le 10 août 1792, et qui se prolongea pendant le régime révolutionnaire ; 4° l'émigration forcée, celle qui, pendant le régime révolutionnaire, fut imposée à des hommes, pour avoir lieu de les confisquer ; 5° l'émigration fictive, celle que l'on supposa de la part d'hommes absens antérieurement à 1789, et n'ayant pas agi hostilement, ou bien à des hommes notoirement présens, tels que des infirmes, ou même des militaires présens sous le drapeau, ainsi que des employés du Gouvernement en activité de service.

La première émigration fut commandée par Louis XVI; les détails s'en trouvent dans l'ouvrage de M. d'Ecquevilly. Dans le cours de la même année, une certaine quantité de personnes, soit attachées à la cour, soit faisant partie de la noblesse, sortirent de France. Comme nombre, cette émigration n'avait pas de consistance; elle était sans rapports politiques avec l'intérieur; les mémoires de M. d'Ecquevilly, apprennent comment elle est devenue armée. Nous croyons nécessaire de joindre ici son récit, et de le laisser parler.

Mémoires de M. d'Ecquevilly.

Page 3 et suivantes. — Les princes réunis à Turin, s'occupèrent des moyens d'arrêter les progrès d'une révolution qui menaçait d'un renversement total le trône et l'autel, déjà bien ébranlés; leurs premières tentatives auprès des puissances dont ils étaient dans le cas d'espérer des secours, furent sans succès. Les souverains, qui voyaient, les uns depuis long-temps avec jalousie, les autres avec crainte l'extrême prépondérance qu'avait la France dans la balance de l'Europe, paraissaient n'apercevoir dans ses troubles intérieurs qu'un moyen de l'affaiblir ; aucun d'eux ne mesurait encore l'étendue du danger qui les menaçait, par la propagation d'un système désorganisateur, dont le premier principe était l'anéantissement de toute religion et de toute souveraineté. Il faut cependant excepter de ce nombre, le roi de Suède, Gustave III et l'impératrice de Russie, Catherine II, dont l'opinion à cet égard et le zèle pour la cause de la monarchie, se manifestèrent dès le premier instant ; mais l'extrême éloignement des États de cette dernière, et la guerre avec les Turcs dans laquelle elle se trouvait engagée, ne lui permettaient pas d'employer efficacement et aussi promptement qu'il eût été à désirer, les forces qu'elle avait à sa disposition, pour opposer une digue au torrent dévastateur qui menaçait l'Europe : d'ailleurs, Catherine méditait alors le projet, préparait les moyens d'envahir le reste de la Pologne, et d'en faire un partage définitif avec l'Autriche et la Prusse ; elle faisait valoir cette considération, comme le motif qui l'empêchait de prendre encore part à la coalition contre les rebelles de France, à laquelle elle tâchait d'engager les autres puissances. Le roi de Suède, animé des sentimens les plus chevaleresques, annonçait l'intention où il était de se mettre à la tête de cette croisade, pour laquelle il aurait fourni son contingent à raison et peut-être au-delà de ses moyens. On sait que ce monarque, digne d'un meilleur sort, expira quelques mois après au sein de sa capitale sous le poignard d'un assassin, que quelques personnes crurent dirigé par les chefs de la rébellion de France, auxquels son opinion prononcée et la fermeté de son caractère l'avaient rendu redoutable. L'impératrice de Russie se borna dès-lors à donner des preuves de son intérêt pour la cause du Roi et de nos princes, soit par les secours pécuniaires qu'elle envoya à ceux-ci, soit par l'activité de ses démarches auprès des différens cabinets de l'Europe, démarches qui purent peut-être contribuer à leur détermination ultérieure. Les princes voyant qu'ils ne pourraient compter sur l'assistance prochaine d'aucun des souverains que leurs moyens et même leur intérêt particulier auraient dû mettre dans le cas de leur en donner, employèrent toutes les ressources de politique et d'argent qu'ils purent réunir, pour exciter dans différentes parties du royaume des soulèvemens contre le nouvel ordre de choses, qui n'était pas encore assez affermi pour ne devoir pas espérer

ques-uns des principaux furent conduits à Paris
sous bonne escorte, et remis en liberté peu de
temps après : les autres se dispersèrent. Les Au-
vergnats, qui auraient couru de grands risques à
retourner dans leur province, sortirent du
royaume et joignirent les Princes ; ce fut là le
principe de l'émigration qu'ils jugèrent dès-lors
devoir rendre commune à toute la noblesse, espérant avec le secours dont quelques puissances
commençaient à les flatter, rassembler hors du
royaume un parti qu'il devenait impossible de former dans l'intérieur, où l'esprit de rébellion et l'oubli de tout principe, faisaient chaque jour de nouveaux progrès : en conséquence, d'après les avis
que les Princes firent répandre en France, l'émigration des gentilshommes prit une activité qui
s'étendit d'un bout du royaume à l'autre. L'empereur Léopold ayant fait, dans l'hiver de 1791,
un voyage en Italie, S. A. R. Mgr. le comte d'Artois profita de cette circonstance pour le voir, et
se rendit à son passage à Mantoue, où il eut une
conférence avec ce monarque. L'empereur lui
prodigua des témoignages de bonne volonté, d'intérêt pour le Roi et pour sa personne ; mais ils
furent généralement regardés comme insignifians
de la part d'un prince dont la prudence et la réserve étaient le caractère distinctif. L'émigration

des officiers et des gentilshommes devint alors presque générale; *elle éprouvait si peu d'obstacles, que l'on faisait publiquement à l'Opéra et au Palais-Royal, des arrangemens pour se rendre à Coblents,* auprès des Princes, qui, s'affermissant dans le projet qu'ils avaient conçu de former des rassemblemens autour d'eux, continuaient d'employer tous les moyens qui étaient en leur pouvoir pour stimuler, pour favoriser cette émigration. Les officiers de quelques régimens qui ne s'étaient encore que légèrement écartés de la discipline et du respect pour l'autorité, furent même engagés par les Princes à prêter le serment exigé par l'assemblée après l'arrestation de Varennes, afin d'être à portée de maintenir leur corps dans la disposition où ils paraissaient être de servir utilement le Roi dès que l'occasion s'en présenterait. Une partie du régiment de Berwick irlandais suivit les officiers et sortit de Landau avec armes et bagages, pour joindre les Princes, qui offraient deux points de rassemblement, l'un à Coblentz et l'autre à Worms. Les pages 12, 13, 14, 15, 16 de ce récit, tracent le tableau de la formation des différens corps; elles relatent les obstacles qu'elle éprouva, la manière dont une partie des fonds fut faite, ainsi que les capitulations faites avec des princes allemands, et même des particuliers, pour

la levée de différens corps. On y trouve des observations sur l'emploi de fonds immenses distribués
pour cet usage. L'auteur conduit sa narration jusqu'à la conférence de Pilnitz, et sa véracité ne lui
a pas permis de soustraire les paroles suivantes :
L'année 1791 *fut employée par l'émigration aux
différens préparatifs, les cabinets de l'Europe
continuèrent à témoigner la plus grande indifférence sur les progrès de la révolution française.*
Cet exposé suffit pour faire connaître comment
s'est formée l'émigration systématique, armée,
celle qui a été l'objet de la confiscation, et qui,
dans ce moment, est celui de la demande d'indemnités. Le reste de l'histoire de l'émigration est
connu, et ne peut faire partie de cette discussion.
Dans un autre lieu, il sera traité des émigrations
forcées et fictives.

CHAPITRE XX.

Historique de la confiscation. — Confiscations subséquentes.

Pour placer dans un jour complet cette partie de la question, il est bon de réunir dans un même point de vue tous les actes afférens à la confiscation, depuis son origine jusqu'à sa conclusion : par là on pourra voir comment et à quel titre il a été procédé, si l'ordre légal a été observé, et si les motifs de l'arrêt ont été puisés dans la nature des choses. Le jugement ne peut résulter que de l'exposé des actes mêmes.

Le premier acte législatif, relatif à l'émigration, est à la date du 28 janvier 1791. *Le Roi avertit l'assemblée constituante que les émigrés fomentent les dispositions hostiles de quelques princes allemands, et s'arment eux-mêmes.* Il fut proposé de faire une loi pour prohiber et punir l'émigration. Cette proposition donna lieu à des débats fort vifs. Mirabeau s'y opposa et obtint un ajournement. Le 28 février suivant, la loi fut présentée. C'est dans cette occasion que Mirabeau, tout en recueillant le reste de ses forces et de l'empire qu'il avait exercé sur l'assemblée, ne put parvenir qu'à détourner à moitié le coup, et n'obtint qu'un simple ajournement de rédaction; car le principe de la loi fut adopté.

Cette demande du Roi occasionna le décret qui renferme le premier germe de la révolution militaire qui a eu lieu en France; car le complètement de l'armée fut ordonné, et l'on porta à 100,000 le nombre des soldats auxiliaires destinés à être incorporés dans les régimens.

Le 8 juillet 1791, décret pour ordonner des dispositions militaires dans les départemens du *nord-est* de la France, la Flandre, la Champagne et l'Alsace, pour compléter l'armée, et pour porter 26,000 gardes nationaux sur la frontière menacée.

9 juillet 1791, loi qui ordonne aux émigrés de rentrer, sous peine de payer une triple imposition.

14 juillet 1791, proclamation du Roi aux émigrés pour leur enjoindre de rentrer.

13 septembre 1791, la loi du 9 juillet contre les émigrés est rapportée.

8 novembre 1791, loi de l'assemblée législative qui punit de mort les émigrés qui ne seront pas rentrés avant le 1er janvier 1792.

9 février 1791, séquestre des biens des émigrés.

30 mars 1792, loi qui affecte les biens des émigrés à l'indemnité due à la nation pour les frais de la guerre.

25 juillet, manifeste du duc de Brunswick.

27 juillet, confiscation.

26 août 1792, déportation des prêtres.

9 octobre 1792, loi qui punit de mort les émigrés pris les armes à la main.

23 octobre 1792, bannissement à perpétuité de tous les émigrés.

17 septembre 1793, les prêtres déportés assimilés aux émigrés.

11 brumaire an 2, les biens des Français sortis avant 1789, séquestrés comme ceux des étrangers en guerre avec la France.

17 frimaire an 2, séquestre des biens des pères et mères des émigrés.

4 germinal an 2, les femmes et filles des émigrés ne peuvent épouser un étranger, ni sortir de France.

25 brumaire an 3, loi générale sur les émigrés, formation de la liste des émigrés.

4e jour complémentaire an 4, les pères, mères, frères des émigrés, sont déclarés incapables d'exercer des fonctions publiques.

7 fructidor an 5, les lois relatives à la déportation sont rapportées.

19 fructidor an 5, ces lois sont rétablies.

12 ventôse an 8, la sortie de France n'est plus
réputée émigration.

28 vendémiaire an 9, catégorie d'émigrés. Ra-
diation de quelques classes d'émigrés.

6 floréal an 10, amnistie. Détermination des
biens à garder et à vendre.

Observations sur ces deux historiques.

Tel est le tableau des actes respectifs d'attaque
et de défense qui composent ce triste drame, et
celui de la double action de l'émigration contre le
Gouvernement de la France, et de ce Gouvernement contre l'émigration. D'une part, on voit l'é-
migration, dans le principe formée de peu de personnes, se grossir successivement, passer d'un
état de sûreté à l'état politique et hostile, rechercher partout des ennemis à l'assemblée constituante, n'attirer l'attention de celle-ci que dix-huit
mois après son commencement, menacée par cette
assemblée, bravant ses menaces, affranchie par elle
des peines qu'elle avait portées contre l'émigration,
prenant dans ce temps même ses plus grands ac-

croissemens, menacée de nouveau par l'Assemblée
législative, sommée par elle de rentrer dans un
temps donné, rejetant ces sommations, séquestrée
à titre d'indemnité éventuelle, menacée de confiscation définitive en cas d'entrée sur le territoire
les armes à la main, réalisant cette entrée en compagnie de l'étranger, et confisquée définitivement.
Au milieu de toutes ces douleurs, il est du moins
une consolation, celle de voir qu'en ce triste sujet, on n'a rien à faire avec la Convention et ces
temps envers lesquels il ne reste qu'à les recom-
mander à l'oubli des hommes et à la clémence du
Ciel. Heureusement ils ne sont de rien dans cette
discussion ; on n'y rencontre que l'Assemblée
constituante et l'Assemblée législative, jusqu'au
27 juillet 1792, époque à laquelle tout fut consommé.

D'une autre part, dans cet exposé, on voit la
confiscation marchant parallèlement avec l'émigration, qui a pris l'initiative dans la lutte, pro-
cédant avec la régularité des actes judiciaires, op-
posant des actes défensifs à des actes agressifs,
avertissant, menaçant, donnant des délais, spéci-
fiant la nature de la peine, et le cas de l'application, et la prononçant après l'exécution de l'acte.
Quelque déplorable qu'ait été la fin de cette querelle, on ne peut taxer le Gouvernement français

Iᵉ Partie.

d'une précipitation haineuse; car la contestation civile a duré dix-huit mois, de février 1791, au 27 juillet 1792. La confiscation a été prononcée deux jours après la publication du manifeste du duc de Brunswik. L'Assemblée constituante, à la fin de ses travaux, avait aboli les peines portées contre l'émigration; elle avait fait plus *de bruit que de mal;* il était bien manifeste qu'elle agissait dans l'ordre purement comminatoire contre l'émigration, et par précaution pour elle-même, afin de ne pas donner aux *jacobins de ce temps* qui déjà sapaient son ouvrage, les moyens d'étendre leur influence, en la représentant comme de connivence avec l'émigration. Déjà Roberspierre avait dénoncé les constitutionnels de la constituante, comme traîtres à la patrie.

De ceci, il résulte un fait certain, incontestable, dont l'émigration s'est glorifiée, celui d'avoir pris l'initiative de la guerre. Les hostilités sont venues d'elle; ce qui rejette dans la question des droits, et des devoirs d'un grand État, quand il est menacé d'une attaque armée.

En fixant d'une manière précise l'époque de la confiscation, nous avons en vue de retirer cette question de l'obscurité dans laquelle on la plonge, en la mêlant avec la masse entière de la révolution. Quelques années de celle-ci ont été fort odieuses, tout ce qui s'y rattache participe de la défaveur qui leur est due trop légitimement. Il est donc nécessaire de tirer une ligne de démarcation entre ces divers temps, et d'assigner à chacun ce qui lui appartient. Maintenant on sait que la confiscation est la continuation par l'Assemblée législative, de l'œuvre commencée par l'Assemblée constituante, et que la Convention est totalement étrangère à ce qu'on peut appeler la grande confiscation, la confiscation mère de celles qui ont suivi, comme l'émigration de 1791 à 1792 doit être appelée la grande émigration, la mère des émigrations de 1793, 1794 et années suivantes. Sans la grande émigration, il n'y en aurait pas eu d'autres; et sans la grande confiscation, les confiscations subséquentes n'auraient pas eu lieu. La grande émigration donna ouverture à la grande confiscation; quand on eut beaucoup émigré, on ne sut plus qu'émigrer et se réunir aux rassemblemens existans; quand on eut beaucoup confisqué, on ne sut plus que confisquer; le crime fit les lois, les supposa, les exécuta; les particuliers isolés furent forcés d'émigrer pour avoir de quoi confisquer; tout le monde s'en mêla, sous les noms *à l'ordre du jour* dans tous les partis. La grande émigration a donc été la mère de toutes les autres émigrations et de toutes les confiscations; sans elle, il n'y au-

9..

rait eu ni confiscation générale, ni guerre étrangère, ni confiscations particulières ; car il n'y
aurait pas eu lieu à la guerre qui a motivé la confiscation, et dont les frais énormes ont fait confisquer pour avoir à pourvoir à ces mêmes frais. Voilà
ce qu'il faut bien entendre dans cette question,
et ce qui accuse l'imprévoyance de l'émigration.
A l'époque de l'Assemblée législative, celle qui a
décrété la confiscation, l'émigration, qui savait
qu'elle avait affaire à des hommes sans freins,
qui connaissait leurs intentions criminelles, et
que rien ne les arrêterait, n'en a pas moins
continué à les menacer de ses armemens et
de ceux de l'Europe; elle ne voulait pas voir
ce qui est arrivé, ce qui devait arriver, que
ces hommes se porteraient aux mesures les plus
violentes, que rien ne leur coûterait pour se
soustraire au châtiment que leur conscience leur
faisait craindre. Ils n'ont que trop réalisé ces conjectures qui étaient visibles pour tous les yeux
non fascinés. La généralité et l'opiniâtreté de l'attaque ont fait porter l'injustice à l'extrême ; car,
par l'impossibilité de distinguer les motifs de l'é-
migration individuelle, de classer les individus (1),

_____

(1) *Voyez* les discours de M. le marquis de Pastoret et
de M. le comte de Vaublanc, dans la séance du 9 novembre

d'assigner à chacun sa part dans la guerre faite et dans la guerre suscitée, on confondit toutes les clas-ses, toutes les intentions, toutes les actions des diverses émigrations, et on les assimila toutes dans l'application d'une peine uniforme et générale : cruel résultat d'une erreur primitive, et qui en-seigne combien les maux s'engendrent facilement les uns des autres, et combien aussi il est dange-reux d'ouvrir devant des hommes pervers une voie dans laquelle ils peuvent trouver des alimens abondans pour l'exécution de leurs projets crimi-nels. C'est ce que l'on a vu en France. L'émigra-tion laissa une dépouille immense; ses ennemis, dans le désordre affreux où ils avaient mis la France, s'en emparèrent; avec elle, ils payèrent une guerre que sans elle ils n'auraient pas pu sou-tenir. Pendant que les puissances passaient six mois à trouver cinquante millions, la Convention, d'un mot, d'un geste, créait des valeurs hors de proportion avec les sommes employées jusque-là par les gouvernemens ordinaires. Cette dispropor-tion a fait la force de la Convention; et comme

---

1791, au sujet du séquestre; ils sont vraiment curieux pour montrer l'esprit du temps, et l'embarras qui peut se trouver dans la position actuelle de quelques personnes qu'elle appelle à prononcer sur la question de l'indemnité.

elle la tenait des confiscations, elle a confisqué pour continuer ces ressources, après avoir épuisé les premières. La confiscation affranchissait la Convention des deux grands embarras qui arrêtent tous les Gouvernemens, l'impôt et l'emprunt, c'est-à-dire l'argent; tous dépendent de lui, et celui qui n'en dépend pas est supérieur aux autres.

La grande émigration a donc fait la confiscation primitive, les confiscations subséquentes, et, de plus, sans le vouloir, la supériorité de la France sur les auxiliaires qu'elle-même avait été chercher.

CHAPITRE XXI.

De la confiscation comme loi, et temps révolutionnaires.

Au chapitre XVIII°, nous avons défini les temps et les lois révolutionnaires : les uns et les autres présentent l'image de ces époques fatales dans lesquelles la sociabilité est viciée, et comme dissoute; dans lesquelles encore la législation agissant dans un sens contraire à sa destination, cesse de maintenir l'ordre dans la société, par la conformité de ses actes avec la justice éternelle, dont les lois sont la représentation sur la terre. Recherchons si ces notes sont applicables au temps et aux lois de la confiscation subie par l'émigration.

Il faut le reconnaître : ce temps a présenté un grand nombre d'actes qu'on ne peut que déplorer; cependant peut-on conclure de ces actes que l'ensemble de ce temps soit vicié de manière à être incompatible avec l'idée de la société, et à devoir ainsi être déclaré révolutionnaire? Quel pays n'a pas éprouvé des troubles, des secousses politiques, n'a pas été le théâtre de grands désordres? Les a-t-on pour cela déclarés révolutionnaires, ainsi que le temps où ces excès ont eu lieu? Il en est de même pour la France. Pendant le temps qui nous occupe, des excès répétés ont eu lieu: mais ils étaient bornés dans leur étendue et dans leur durée; l'ordre général régnait, les personnes et les propriétés étaient protégées; l'ordre de la justice, dans les tribunaux, le plus essentiel de tous les ordres, était maintenu; les transactions entre les citoyens étaient garanties par les lois, on voyageait en France en pleine sécurité, *on sortait de France, on faisait ses arrangemens d'émigration à l'Opéra et au Palais-Royal sans aucune opposition.* (Mémoires d'Ecquevilly.) On doit donc conclure de ces faits que, malgré quelques actes de désordre, l'ensemble de l'état de la France était dans l'ordre ordinaire de la sociabilité. Sur 83 départemens dont se composait le territoire français, on en aurait compté 80 exempts de toute espèce de troubles, et de scènes d'insurrections ; tel département, celui de Rouen, par exemple, n'a compté dans toute la révolution que deux suppliciés, et ce furent deux agitateurs, *Bordier* acteur de Paris, et *Jourdan*, avocat d'Évreux, tous deux venus pour insurger la ville, et tous deux pendus par arrêt du Parlement.

Enfin, et ceci est décisif dans la cause, les ambassadeurs de tous les Princes de l'Europe résidaient à Paris : preuve certaine que la souveraineté de l'Europe ne considérait pas ces temps comme entachés des signes qui autorisent à les déclarer révolutionnaires, et comme prohibant aux représentans de la souveraineté tout contact avec eux... La confiscation n'a donc pas été le produit des temps révolutionnaires... Recherchons si elle a été davantage celui des lois révolutionnaires. Par ce nom, on entend les lois qui vont directement contre le but de la société, en faisant trouver dans la loi dont la destination est de défendre la société, le moyen de la détruire; or, en général, la confiscation n'a point par elle-

même ce caractère de subversion sociale : elle peut
être une peine dure, injuste même, quand elle
se cumule avec d'autres peines, mais, avec tous
ces défauts, elle ne renferme rien de ressemblant
à la loi proprement dite *révolutionnaire :* en certains cas, on peut dire qu'elle est forcée, comme
étant la seule applicable, ainsi qu'il arrive, lorsque le condamné est en fuite, quand il est armé,
quand il ne peut être atteint dans sa personne,
pour être ramené à l'obéissance et au respect qu'il
doit à la loi. La confiscation a-t-elle été inventée
contre l'émigration ? n'est-elle pas écrite dans le
code de tous les peuples et de tous les temps ?
celui de la France en est-il vierge ? son histoire
n'en présente-t-elle pas un très grand nombre
d'exemples ? Par conséquent ce n'est pas contre
l'émigration que cette loi a été faite, ni par ce
qu'elle a fait à l'égard de l'émigration, qu'elle peut
être déclarée révolutionnaire. La manière dont il
a été procédé dans cette affaire, suffit seule pour
en exclure l'idée de *loi révolutionnaire; car toutes*
les formalités judiciaires ont été scrupuleusement
observées ; menaces, sommations, délais, indication du terme fatal, et de l'emploi de l'objet
à confisquer, tout se trouve dans cette procédure. La guerre se fait-elle pour rien ? Entre
états, le vainqueur n'impose-t-il pas des contri-

butions en argent, ou des cessions de territoire ?
Mais de l'État aux individus, en quoi peut con-
sister l'indemnité des frais de la guerre ? L'État
qui a été attaqué est-il tenu de rester avec les
frais que l'attaque lui a occasionnés ? les membres de cet État doivent-ils rester chargés de tous
les frais que pourront coûter toutes les attaques
de l'ambition ou des factions ? L'État, dans l'ordre criminel ordinaire, n'impose-t-il pas des amendes aux condamnés ? En 1815, l'émigration qui
siégeait dans l'Assemblée, n'a-t-elle pas fortement
insisté pour la confiscation de ceux qu'elle accusait d'avoir trempé dans ce qu'elle appelait la
conspiration du 20 mars ? Remettons-nous les
faits, et voyons si l'émigration a été sommée de
rentrer, s'il lui a été donné des délais pour rentrer, si elle a été menacée de confiscation en cas
d'entrée armée sur le territoire, si elle a effec-
tué cette entrée avec les étrangers. Si tous ces
faits sont réels, la confiscation n'est pas une loi
révolutionnaire; elle n'est que l'application de la
loi commune au monde entier, de celle de la
France elle-même; et ceux qui en subirent les rigueurs, au lieu de l'appeler révolutionnaire, doivent y voir les effets du choix volontaire fait par
eux entre l'obéissance et le refus de soumission à
ces lois. Leurs suites étaient connues d'eux, leur

effet n'est pas rétroactif, tout s'est donc passé dans l'ordre légal. La loi n'est point révolutionnaire. En vérité, à entendre certaines personnes, on dirait que la société est une propriété à elles apparte- nante, où elles peuvent tout faire, et que l'État, fait pour tout supporter de leur part, a de plus, même quand elles le constituent en frais, l'obli- gation de leur servir leurs revenus, et de gérer leurs affaires en leur absence.

CHAPITRE XXII.

Époque véritable de la guerre de l'Émigration; son caractère.

Qui constitue une action ? N'y a-t-il action réelle que par l'exécution matérielle d'un plan, ou bien par la résolution formelle d'agir, et par la réunion des moyens propres à l'exécuter ? Dans le *Droit*, ceci suffit pour constater l'acte sujet à l'action de la justice. Il ne peut en être autrement dans le cas de guerre. Celle-ci ne consiste pas seu- lement dans les actes violens qu'admet la guerre, ou dans l'acte qui la déclare, mais elle date de plus loin, et remonte aussi au temps où la réso- lution de la guerre a été arrêtée, et les moyens de la faire, préparés : l'intention formelle de la guerre, est la guerre même ; les délais entre la résolution et l'exécution ne sont que les moyens de la faire avec avantage ; la guerre de l'émigration doit être jugée d'après ces principes ; elle n'a commencé effectivement qu'avec la guerre étrangère : la dater seulement de cette époque serait une erreur... On peut croire, en ne regardant qu'à ce qui paraît, et en voyant l'émigration mêlée et confondue avec les étrangers, qu'il n'y avait qu'une guerre : eh bien, il y en avait deux, l'une déclarée à l'Autriche par la France le 20 avril, et l'autre déclarée par l'émigration depuis 1790 ; car dès cette époque, elle se formait en corps armés, elle soldait des corps étrangers, elle sollicitait ouvertement l'intervention des étrangers ; elle se déclarait armée pour renverser l'Assemblée constituante : si cela n'est pas faire la guerre, qu'on dise donc ce qu'elle est. L'émigration fût entrée seule, et plus tôt, si elle eût été prête, si elle eût été assez forte, si elle se fût sentie indépendante des puissances étrangères ; elle n'était pas sur son territoire, et par conséquent elle était subordonnée. La guerre de l'émigration n'avait-elle pas déjà commencé par l'attaque sur Lyon, par les intelligences ménagées dans les forteresses, par les manœuvres employées pour attirer les officiers

et les soldats ? L'émigration a donc été en guerre
réelle dès 1790, quoique la guerre nominale n'ait
eu lieu qu'en 1792. L'agression n'est pas venue du côté de la France, dix-huit mois se sont
écoulés avant qu'elle ait eu l'air de s'apercevoir
de l'émigration ; de plus, en 1791, elle a rejeté les mesures répressives contre elle ; les menaces, les assignations de temps, n'ont eu lieu
qu'après. L'Assemblée constituante, en terminant
ses travaux, abolit les lois relatives à l'émigration.
Les mesures vives contre l'émigration ne commencèrent que sous l'Assemblée législative, lorsque les armemens de Coblentz furent formés de
manière à montrer l'imminence d'une attaque ;
et la confiscation ne fut prononcée que lorsque
la guerre fut entamée, et deux jours après le manifeste du duc de Brunswick. Il est du 25 juillet,
et la loi de confiscation du 27 du même mois :
ces dates sont essentielles à retenir. D'ailleurs,
que l'émigration ait été la cause unique et le
promoteur de la guerre, l'histoire ne permet pas
d'en douter, et c'est de l'émigration même que
l'on tient les pièces qui le prouvent, par le tableau tracé de sa propre main, de tous les mouvemens qu'elle s'est donnés pour faire déclarer
les puissances étrangères contre la France. L'Autriche, la Prusse et la France avaient-elles quel-

que démêlé politique? contestaient-elles pour quelques-uns de ces objets qui sont les motifs ordinaires des guerres? se demandaient-elles mutuellement quelque chose? Rien, absolument rien. La France avait-elle quelque contestation avec la Suède et la Russie? Cependant l'émigration ne leur demandait-elle pas leur intervention armée? Elle a donc été la cause et le mobile actif de la guerre. Elle s'en est glorifiée trop long-temps pour le nier aujourd'hui.

Ici viennent se placer plusieurs réflexions : 1° la date précise de la guerre de l'émigration est connue, d'après ce qui vient d'être exposé. Peut-on assigner de même sa fin? Cela est plus difficile ; car cette guerre a pris diverses formes, suivant la situation de l'émigration. Jusqu'à la fin de la campagne de Champagne, l'émigration a fait corps et a agi systématiquement ; son action avait un *objet français*. Dès lors la coalition, qui s'était annoncée avec des intentions qu'elle disait françaises, a été rompue par le fait, et de droit elle le fut au congrès d'Anvers, le 2 avril 1793, époque à laquelle l'Autriche et l'Angleterre déclarèrent leurs intentions contre la France, *comme état*. C'était leur plan depuis long-temps. Le roi d'Angleterre l'avait annoncé à son Parlement le 14 décembre 1792. Pour réaliser ce plan

et transporter la guerre de la France comme révolution , à la France comme état politique , il
fallait écarter la Prusse, qui en sa qualité d'alliée
de la France , et ayant besoin de son alliance ,
n'entendait à aucun plan spoliateur contre elle.
Or, c'était ce dépouillement que voulaient l'Angleterre et l'Autriche. Dès lors la cause française
était abandonnée , et les émigrés, en servant ces
puissances , servaient directement contre cette
même patrie, qu'ils avaient eu l'intention de servir : situation déplorable, qu'il ne faut pas attri-
buer à crime à l'émigration, et qui était la suite
nécessaire de ses premières aberrations. La cause
française était tellement abandonnée, que l'Impératrice de Russie envoya M. le duc de Riche-
lieu offrir à M. le prince de Condé, un asile et
des terres en Crimée (1) : alors le corps de ce
Prince passé au service d'Autriche, fut licencié
le 1er avril 1793 , veille du congrès d'Anvers ,
où devait se faire la déclaration de guerre à la
France , comme état politique. Le prince obtint
la conservation de son corps, au service de l'Autriche ; et la position de ces émigrés était telle
alors, que le Prince se trouva sous les ordres d'un
Français passé au service d'Autriche, qui, dans la

_____

(1) Mémoires de Condé et d'Ecquevilly.

guerre de 1756, avait servi sous les siens dans un grade subalterne, le comte de Wurmser, Alsacien, né sujet de la France, position telle, que le Prince et ses deux fils n'occupaient d'autre grade que celui de feld-maréchal-lieutenant, de général-major, et de major d'infanterie. Cependant l'émigration a continué de servir après cet abandon de la cause française; elle était sous les drapeaux, sous la discipline, sous le commandement, avec la solde des puissances qui faisaient la guerre à la France; deux fois l'Angleterre a soldé l'armée de Condé, les légions émigrées étaient des troupes anglaises, en Europe, comme à Saint-Domingue et aux Antilles. L'émigration a donc pris part à la guerre étrangère. De plus, en même temps, elle prenait part à la guerre intérieure par des tentatives de descente, par des intelligences avec les généraux soit en chef, soit en grade inférieur. On voit qu'ensuite, à une époque où la république française était reconnue de presque toute l'Europe, l'émigration se mêlait encore à des entreprises hostiles dans l'intérieur. M. d'Ecquevilly, vol. 3, page 4, *apprend que le gouvernement anglais avait ordonné au corps de Condé, alors à sa solde, de marcher sur l'Italie, se proposant de le réunir à un corps rassemblé en Toscane, par le général Villot, et de le jeter en*

Languedoc, où il croyait les dispositions des habitans favorables. On pourrait donc compter trois espèces de guerres faites par l'émigration : deux guerres qu'elle a appelées françaises, et une qui est une guerre étrangère. Les deux premières ont le malheureux caractère des guerres civiles ; car, quelles que fussent les intentions, c'était la guerre de Français contre des Français, de citoyens contre des citoyens ; la résistance amenait l'effusion du sang français par des mains françaises, les charges ordinaires de la guerre étaient inséparables de celle-là ; et comme il était bien évident que l'ordre de choses qui prévalait alors en France, tout en déplaisant à quelques classes, convenait à l'immense majorité, puisque sans elle il n'eût pu se soutenir, et encore moins contre elle, par là même il était visible que les deux dernières guerres ont eu tous les caractères de la guerre civile. Sûrement, l'émigration ne l'entendait pas ainsi : mais sa manière particulière d'envisager la chose, n'en change pas la nature, et n'eût pas empêché que la guerre n'eût pris tous les caractères qui rendent ces guerres si funestes. Sous François II et Charles IX, les chefs opposés à la Cour n'entendaient pas faire la guerre civile, et ils la faisaient sûrement. Le grand Condé était loin de vouloir faire subir à la France, fière encore de

Iʳᵉ Partie.

ses exploits, les désastres accumulés de la guerre
civile et de la guerre étrangère : *Point de Ma-*
zarin, disait-on alors, en y ajoutant mille protestations de service et de respect pour le Roi ;
et cependant la guerre civile se faisait-elle ? *Le*
long Parlement ne délivrait-il pas des commissions
militaires, au nom du Roi, aux soldats destinés à
combattre les troupes royales ? Les mots et les
prétextes ne font rien aux choses : celles-ci veulent être examinées et appréciées d'après elles-
mêmes : si l'on voulait écouter toutes les allégations, il n'y aurait que des *innocens* sur la
terre (1).

La nature des choses et le témoignage des faits,
établissent donc, comme une vérité incontestable,
que l'émigration a fait à la France trois guerres :
l'une avec les étrangers, les deux autres, comme
guerres civiles ; 1°. par la campagne de Champagne, 2°. par les attaques qui ont duré pendant
dix ans, de 1790 à 1800, sous différentes formes. Ces deux points sont au-dessus de toute contestation, et doivent être pris en sérieuse considération dans la question présente.

----

(1) Madame de Larochejaquelin n'appelle la guerre de
la Vendée, que la guerre civile. L'entreprise de Quiberon était bien un acte de guerre civile.

CHAPITRE XXIII.

Formation de l'Émigration.

C'est un grand fait historique que celui de
l'émigration : ce fut un spectacle étrange, et bien
fait pour exciter la méditation que celui que présenta la moitié de la classe la plus élevée de l'É-
tat quittant ses foyers, se séparant de sa fortune,
pour se transporter en terre étrangère, hommes,
femmes, enfans, guerriers, magistrats, fonctionnaires de toute classe et de tout emploi. Alors
on n'y pensait guère ; le temps et le malheur ont
appris tout ce qu'il y avait de grave dans une
semblable détermination. Nous allons dire à quoi
elle a tenu. Quatre causes ont fait l'émigration
de 1790 à 1791, la grande émigration. 1°. Les
excitations venues du dehors, en vue de former un parti politique. M. d'Ecquevilly a tracé le
tableau le plus naïf et le plus étendu de ces
excitations; les Mémoires de Condé, et de Larochejaquelin les confirment. Tel fut le premier
et le plus puissant mobile de la grande émigration.

2°. Le point d'honneur. Il a agi de deux manières : 1°. par lui-même, 2°. par les moyens
employés pour le faire agir. . .

D'abord l'honneur porta beaucoup d'hommes à
imiter ceux qui avaient émigré ; ensuite on crai-
gnit d'encourir des reproches ; les femmes excitè-
rent beaucoup à l'émigration , et, dans les monar-
chies, ce sont des juges très accrédités de l'honneur
vrai ou faux. L'émigration fut traitée comme le
duel, auquel beaucoup d'hommes se soumettaient
par ce fatal point d'honneur, qui a eu la force de
maintenir cette cruelle pratique malgré les lois,
de triompher d'elles, et de montrer le législateur
lui-même encourageant d'un côté ce qu'il défen-
dait de l'autre ; car l'homme qui pouvait être
supplicié pour s'être battu, eût été renvoyé du
service pour ne s'être pas battu. Effet funeste des
préjugés et de mœurs mal assorties avec les lois...
Beaucoup de manœuvres furent employées pour
exciter à l'émigration , par le point d'honneur :
ainsi, des quenouilles furent envoyées à des hommes qui étaient restés dans leurs foyers : des milliers de lettres, d'articles de journaux, parlaient
dans le même sens , menaçaient de la dégrada-
tion morale et plaçaient le siége de l'honneur français au-delà du Rhin.

3°. La mode et un entraînement irrésistible ame-

nèrent sur les bords du Rhin une partie de ceux
qui ont formé l'émigration (1). Quelques chefs,
dans chaque province, travaillaient à mettre la
noblesse en mouvement ; l'impulsion une fois
donnée, devenait irrésistible : elle entraîna tout.
On a vu venir à Coblentz des hommes qui désapprouvaient fort l'émigration comme système
politique, et qui en mesuraient les conséquences,
mais qui ont cédé au mouvement général, contre
leur propre raison... Quand des pères de famille
abandonnaient des femmes jeunes encore, des
enfans en bas âge, lorsqu'ils bravaient des décrets menaçans pour leur fortune, et pour tout
l'avenir de leurs familles, ce n'était pas à leur
raison qu'ils cédaient, mais à cet entraînement
sous le coup duquel ils étaient placés, et qui ne
laissait pas à leur détermination toute sa liberté.
C'est ainsi qu'agit l'esprit de corps, et sa plus

---

(1) Mémoires de Mme de Larochejaquelin, p. 13. — *Il
s'était formé une coalition en Poitou : les Princes connais-
saient cet état de choses, et n'étaient pas d'avis que les
Poitevins coalisés émigrassent ; mais les jeunes gens voulurent absolument suivre le torrent : on leur représenta
vainement qu'il fallait rester où l'on pouvait être utile :
ils n'écoutaient rien, et ne voulurent pas même attendre
les ordres définitifs des Princes.*

grande force est de faire craindre le blâme de ses pairs (1).

4°. Les espérances et les récits exagérés sur les forces qui allaient fondre sur la France, ont aussi beaucoup contribué à l'accroissement de l'émigration. Que n'a-t-il pas été fait et publié à cet

---

(1) Mêmes Mémoires, p. 19 et suivantes. — *On émigrait en foule : on blâmait M. de l'Escure de ne pas partir : il me semblait que sa réputation en souffrirait, s'il ne suivait le mouvement général. En arrivant à Paris, il avait annoncé l'intention d'émigrer, et il se trouvait qu'il avait changé de résolution précisément deux jours après le décret qui confisquait les biens des émigrés. Cette circonstance me semblait affreuse. M. de l'Escure recevait de nos amis et de nos parens les lettres les plus pressantes.* Et plus bas, ces Mémoires ajoutent, après la réponse faite par la Reine à M. de l'Escure, *que les défenseurs du trône sont toujours à leur place quand ils sont auprès du Roi. D'après cette réponse, M. de l'Escure n'hésita plus : Je serais vil à mes yeux, me disait-il, si je pouvais balancer un moment entre ma réputation et mon devoir. Je dois avant tout obéir au Roi : peut-être aurai-je à en souffrir, mais du moins je n'aurai pas de reproches à me faire : j'espère que je pourrai prouver que si je reste, ce n'est ni par crainte ni par avarice, et que j'aurai à me battre ici autant qu'eux là-bas.*

Ceci suffit pour montrer, 1°. quelle était l'opinion du Roi et de la Reine sur le système de l'émigration; 2°. combien étaient fortes les excitations pour le produire.

égard ? Que n'ont pas annoncé les papiers publics
influencés par le parti qui propageait l'émigration ? Au commencement de 1792 , on calculait
qu'un abbé de Fontenay, rédacteur de la Gazette
de France , avait déjà fait marcher de son chef,
trois millions d'hommes, tandis qu'un seul soldat
n'était pas encore sorti de ses casernes... On ne
comptait que par centaines de mille, les soldats
déjà mis en mouvement contre la France. Combien d'émigrés ont craint d'arriver trop tard, ont
cru rencontrer les coalisés à moitié chemin de
Paris ? L'idée d'une expédition militaire, rapide,
brillante , avec un but aussi haut que celui de la
délivrance d'un Roi et d'une nation , l'un de la
captivité, l'autre de l'esclavage , devait enflammer une noblesse militaire , dont le courage restait depuis trente ans sans occupation , et qui se
rendait à elle-même, et à juste titre, le témoignage d'intentions nobles et désintéressées; car
la masse de l'émigration n'avait rien à gagner à
Coblentz : là, comme à l'ordinaire, elle travail-
lait pour ce qui était au-dessus d'elle. A cette
époque, il n'était question que de chevalerie,
d'expédition chevaleresque, de croisade (1), et
d'autres choses de ce genre propres à exalter les

(1) Voyez les Mémoires d'Ecquevilly.

esprits : c'était le triomphe des femmes, qui ont
eu une si grande part à cette catastrophe... De
plus, dans le même temps, il était de mode de
regarder avec dédain tout ce qu'on appelait *pa-
triotes*.... on riait de ces gardes nationaux qui
s'apprêtaient à prosterner aux pieds de la France
tous les pouvoirs et toutes les armées de l'Europe;
on s'imaginait qu'il n'y avait qu'à paraître; que
les Français trouveraient devant les premiers ennemis, des pieds aussi légers que ceux des Napo-
litains, et que tout le nouvel édifice, au premier
attouchement, croulerait et s'évanouirait en fu-
mée. La facilité avec laquelle quelques milliers
de Prussiens avaient mis fin à la révolution de
Hollande, contribuait à entretenir l'illusion. Quiconque se permettait un doute sur un succès aussi
complet que facile, s'exposait à passer pour *tiède*,
et presque suspect (1); la *foi du charbonnier* était

(1) La preuve de cette confiance sans bornes se trouve
dans la légèreté des précautions prises par les émigrés
pour assurer leur subsistance pour une durée de temps
un peu considérable. Sur cinquante mille émigrés, on
n'eût pas compté cent personnes qui eussent emporté avec
elles au-delà de ce qu'exige un voyage de six mois. Les
émigrés sont sortis laissant leurs vaisselles, leurs maisons
meublées, leurs caves remplies, leurs revenus en plein re-
couvrement, leurs créances actives et passives également

exigée pour cette expédition. Les différences qui
existaient entre la Hollande et la France, soit
comme forces, soit comme moralité, étaient je-
tées à l'écart, on ne voulait pas de raisons de
douter. La présomption, source de la ruine d'un
si grand nombre d'entreprises, agit dans cette occasion avec la plus déplorable influence : on se
réveilla sur les bords du Rhin repassé en retraite
à la fin de 1792, comme, en 1812, on s'est ré-
veillé sur les bords de la Bérézina et du Borys-
thène; et ces rivages qui avaient retenti de tant
de chants prématurés de triomphe, n'entendi-
rent plus que des gémissemens et se grossirent
de larmes. C'est par ces mobiles divers qu'a été
formée la grande émigration, celle qui a été frap-
pée de la confiscation, et qui est l'objet de cet
écrit. Sans ces excitations, et si les choses eussent
été présentées au naturel, cette émigration n'aurait jamais eu lieu; elle se fût bornée à quelques
personnes auxquelles les évènemens intérieurs
conseillaient de chercher un asile temporaire;
mais jamais on n'aurait vu la noblesse française,

négligés. Jamais il ne se vit rien de pareil; aujourd'hui
que l'on est de sang-froid, on ne conçoit pas que l'élite
d'une grande nation ait pu embrasser un pareil ordre de
conduite,

tous les titres qui constituent les dettes véritables.
Car l'émigration ne demande pas *un don*, un secours encore moins, mais elle réclame le paiement
d'une dette réelle. S'il s'agissait du partage et de
l'attribution d'un trésor trouvé, et qui ne coûtât
rien à personne, il n'y aurait pas lieu à discuter;
mais, loin de là, il s'agit d'imposer les uns au
profit des autres, et par conséquent d'une charge
qui ne peut résulter que d'un droit rigoureux;
tant que le droit n'est pas prouvé, la dette et
l'obligation qui suit de la dette n'existent pas. Les
convenances, les considérations politiques sont
dans une autre catégorie, et laissent la liberté
du choix, tandis qu'une dette est une chose de
rigueur. C'est d'après ces principes que nous con-
tinuerons de procéder avec le calme et les intentions que nous avons observées, et qui nous ont
guidé jusqu'ici. Pour cela, il est nécessaire de
rappeler sommairement les faits. L'émigration est
sortie, elle s'est armée, elle a appelé l'étranger,
elle a pratiqué des intelligences dans les places
fortes, elle a cherché à attirer les troupes, elle
a fait des capitulations militaires avec les étrangers, elle a proposé des cessions de territoires,
elle a résisté aux sommations de rentrer, de dés-
armer, elle a combattu, elle a été vaincue,
elle a été confisquée conformément aux menaces

qui lui en avaient été faites, elle a accepté une amnistie. Tel est le tableau raccourci de ce qui s'est passé relativement à l'émigration. Quel était le droit de ces faits ? Si j'étais sur terre anglaise, ou sur toute autre terre d'Europe, s'il y en a, dans lesquelles les notions du droit public fussent connues et fixées, je n'aurais pas à m'occuper de cette question, car ces pays ne la comporteraient pas. Si les faits de l'émigration s'appliquaient à la Convention, je me tairais, par pudeur, pour n'avoir rien de commun avec un temps si chargé de choses injustifiables ; mais les faits portent sur le temps de l'Assemblée constituante, qui n'a pas de rapport avec ces temps justement détestés : quel homme de bonne foi les confondra jamais ensemble ? La France se glorifie des premiers, et pleure sur les seconds. Par une fatalité bien remarquable, et dont la considération a échappé à l'émigration, il se trouve que c'est la Convention qui a détruit l'ouvrage de la Constituante, c'est-à-dire, qui a réalisé ce que l'émigration se proposait de faire.

Le principe du *droit* veut que ce soit au demandeur à prouver : *actori incumbit onus probandi.* C'est donc à l'émigration à *prouver* son droit à sortir pour s'armer, à appeler l'étranger, à céder le territoire ; tant qu'elle ne montre pas le *droit,* la France ne lui doit rien. A quoi se réduisent ses *droits?* à des allégations d'intentions louables, sans doute, mais qui ne peuvent se passer de légalité dans le principe et dans les moyens. Les intentions ne sont pas pour les actions des sour-ces inaltérables de légitimité, il faut de plus qu'il y ait *légalité* dans la manière de procéder.

Avant tout, et puisque, malheureusement, c'est de la guerre et de la guerre provoquée et faite par l'émigration que nous allons avoir à nous occuper, jetons un coup d'œil, et il sera bien triste, et sur la guerre et sur l'émigration elle-même. Qu'est la guerre ? Le droit de vie et de mort exercé par l'homme sur son semblable, avec le droit de confiscation de la partie de la propriété qui tombe sous le coup de la guerre. Quoi de plus grave ! la guerre est l'effusion du sang humain : chaque champ de bataille porte l'inscription de *haceldama*, champ du sang. Quand cette cruelle extrémité est-elle permise ? lorsque, de grands et évidens dommages ne peuvent pas être réparés par d'autres voies. Toute autre guerre n'est qu'un homicide prolongé, en horreur à ce-lui qui a dit, *non occides*, à celui qui a marqué d'un sceau de réprobation le front du premier homicide. Qu'ils sont significatifs, ce signe et ce commandement ! A qui le pouvoir de l'épée a-t-il été remis par celui qui a formé les sociétés? aux chefs qu'elles reconnaissent suivant leurs diverses formes, et pour leur défense soit intérieure, soit extérieure. Là se borne le droit de guerre : c'est ce droit qu'a pris l'émigration dès le premier jour de sa formation, et qui était le but de sa sortie.

Qu'était l'émigration? Elle a compté 50,000 têtes ; 35,000 étaient nobles, et ont fait le fond de l'émigration. En déduisant les femmes et les enfans, il y a eu 20,000 nobles opposans valides; de l'autre côté, étaient 27,000,000 de Français. Quel droit les 20,000 avaient-ils sur les 27 millions? étaient-ils chargés de leurs pouvoirs? représentaient-ils leur volonté? les Français, même ceux qui étaient blessés dans leur pensée, et dans leurs intérêts propres, par les excès de la révolution, voulaient-ils ce que voulait l'émigration, c'est-à-dire la destruction de l'œuvre entière de la révolution? L'émigration était-elle même la majorité de la noblesse? Celle-ci s'élevait à 92,000 têtes, et l'émigration n'en comptait que 35,000. L'émigration noble avait-elle quelque droit à part du corps de la noblesse? la noblesse même avait-elle quelque droit, hors des formes légales, et du concours avec les autres corps de l'État? Si la noblesse avait des droits de l'autre côté du Rhin, pourquoi les communes n'en auraient-elles

car le pays ne peut se passer d'administration,
toutes les fois qu'il ne sort pas comme chef de la
nation. L'émigration en dehors de la France n'a-
vait aucun droit à faire valoir sur la France; elle
n'aurait pas eu celui d'agir sur elle lorsqu'elle
était au dedans, à plus forte raison ne l'avait-elle
pas lorsqu'elle était au dehors.

CHAPITRE XXVI.

Droits de l'Émigration de faire la guerre, d'ap-
peler l'étranger, de céder le territoire, de ga-
gner les chefs militaires et les troupes.

Ce sont autant de droits de souveraineté, et l'é-
migration n'était pas souveraine. Son malheur a
voulu que, dès le premier jour, elle se soit considérée comme représentant la France, et comme
investie des pouvoirs de la souveraineté; elle n'é-
tait reconnue d'aucun souverain, elle l'était encore moins de la France. Il y avait en France un
souverain reconnu de tout temps, et par la France
et par l'étranger, et, pendant ce temps, l'émigration sans territoire, sans aucune reconnaissance
politique, faisait tous les actes de la souveraineté.

D'où en avait-elle reçu le droit? Ce n'était pas du Roi, encore moins de la France, qui sûrement n'entendait pas se faire déclarer la guerre à elle-même; pas davantage de l'étranger, puisqu'elle a passé trois ans à le solliciter. D'où lui venait-il donc? D'elle-même. Le Prince n'aurait pas le droit d'envoyer ses sujets s'armer dans l'étranger; par là, il prendrait un droit de territoire, il commettrait un acte hostile en exposant l'État étranger à des dommages. La connivence d'un État à l'armement étranger, est elle-même un acte hostile déguisé, et que l'on n'oserait avouer, comme il est arrivé pour l'émigration française; l'historique de cette tolérance est une pièce de ce drame, et celui-ci a deux parties, une publique et une secrète, comme l'histoire de ce temps; on y a fait souvent ce que l'on se gardait bien d'avoir l'air de faire. La sincérité n'a pas été le trait dominant de cette époque, c'est ce qui rend son histoire faite si fausse, et son histoire à faire si difficile, et peut-être si dangereuse à faire.

S'armer est le droit de faire la guerre. La guerre est un jugement à mort porté contre l'adversaire armé résistant, c'est un décret de confiscation pour les objets consommés par la guerre. La société seule, pour sa défense légitime, a le droit de guerre. Pouvait-il appartenir à 50,000 émigrés, qui ne représentaient pas la nation française, qui, en s'armant, jugeaient la société française, qui s'autorisaient eux-mêmes à *tuer* ceux qui leur résisteraient, dans une cause où la moitié, celle de l'ordre public, était au moins problématique, et l'autre moitié, celle des intérêts personnels, était manifeste? Car la cause personnelle était mêlée à la cause publique, et la restauration monarchique marchait de pair avec la restauration honorifique et utile. L'émigration ne parle jamais que de son dévouement; mais elle se tait sur ses intérêts, et ceux-ci étaient liés intimement avec les intérêts publics. Que ce ne fût pas son mobile unique, dominant, ni même celui du grand nombre, je me plais à le croire et à le lui accorder; mais les proclamations et les actes publics, les imprimés authentiques font une mention trop répétée et trop formelle de ces intérêts personnels, pour qu'ils n'aient pas occupé une grande place dans les mobiles de l'émigration (1). De plus, celle-ci ne s'est pas formée d'elle-même. Voyez, dans M. d'Ecquevilly, tout ce qui a été fait pour l'attirer. Les plans de l'émigration ont changé plusieurs fois, ils ont passé alternativement de l'étranger à l'intérieur, et de l'intérieur

(1) Proclamation de Condé. (*Pièces à la fin de l'ouvrage.*)

à l'étranger, suivant les chances du succès et du temps (1) : l'émigration, comme guerre, a donc été une affaire non de sûreté, mais de choix, un moyen politique préféré à tout autre. Appeler l'étranger à rétablir l'ordre dans un pays, est lui demander d'intervenir dans ses affaires intérieures. L'émigration l'a beaucoup pressé de cette demande. Elle atteint la plus grave des questions de l'ordre social, celle de la propriété des sociétés sur elles-mêmes, propriété que l'intervention fait partager avec les intervenans: ce droit a donc des exceptions bien rares.

Depuis le congrès de Troppau, il est controversé en sens contraire entre les puissances de l'Europe. Dans l'affaire de l'Espagne, la France a formellement abandonné le *droit absolu* d'intervention, et l'a confondu avec celui qui naît des dommages positifs qui peuvent résulter des troubles d'un pays. L'émigration n'avait rien de pareil à alléguer; les états étrangers n'avaient pas à apprendre d'elle s'ils étaient lésés; ils se suffisaient bien à eux-mêmes pour le savoir et pour le dire tout seuls. Quand la Prusse s'arma contre la France, elle allégua l'attaque faite à l'Autriche son alliée, et l'invasion des territoires de l'empire en Alsace. C'est dès 1789, que l'intervention étrangère a été réclamée; Peut-on dire que dès lors l'état de la France donnât lieu à cette intervention, et réclamât un remède de cette nature? c'est tout ce qu'on pourrait dire de la Convention. Les écrits que nous avons cités, renferment sur cette intervention des détails bien curieux et bien décisifs dans la cause. Ainsi, ils rapportent que dès 1790, il avait été arrangé entre l'émigration, la Suède et la Russie, un plan de descente en Normandie. Il faut de pareils témoignages pour le croire. Quel était le droit de cette attaque? en quoi la France troublait-elle la Suède et la Russie, et était-elle leur justiciable? De même, en quoi la France avait-elle autorisé le roi de Sardaigne à soutenir de ses troupes, la surprise tentée sur Lyon par des gentilshommes d'Auvergne ou d'autres provinces (1)? Quel mal la France avait-elle fait à la Sardaigne? Ses ambassadeurs, ceux de Suède et de Russie étaient-ils à Paris? ceux de France étaient-ils à Turin, à Stockholm et à Pétersbourg? Que se demandait-on de part et d'autre? Des hommes blessés de ce qui se passe dans leur pays, fomentent des mécontentemens, se réunissent, surprennent à main armée une

(1) Mémoires d'Ecquevilly.

ville, et appellent l'étranger à les appuyer !
Quand ces actes leur ont fait perdre leur fortune, au bout de trente ans ils viennent les présenter comme des motifs suffisans d'indemnité !

Proposer des cessions de territoires pour obtenir des secours armés, est une scission de la société. Celle-ci ne peut s'opérer que par elle-même,
c'est-à-dire, par le souverain qui la représente ;
lui seul est juge des besoins de la société, de ce
que sa conservation lui prescrit de sacrifier ou de
garder. Par ses propositions, l'émigration usurpait
ce droit. En vain dirait-elle qu'elle n'a pas proposé
ces cessions. Les affaires humaines ne se décident
point par des disputes de mots. Elle ne s'est pas ar-
rogé la signature matérielle de ces cessions, mais
elle les a montrées comme le prix obligatoire du
service ; des services de cette nature ne se rendent point sans garanties (1), et celui qui les rend,

_____

(1) « On pense qu'il est très instant de tâter les dispositions de ces trois cours ; on pense même que s'il fallait
quelques sacrifices pour les déterminer, la position de la
France ne permet pas d'hésiter à les laisser entrevoir.
L'intérêt des couronnes est toujours la mesure de la confiance que l'on peut avoir en elles. Voyons celui qui pourrait tenter la cour de Sardaigne. A l'égard de l'Empereur,
on avoue qu'on est effrayé du prix qu'il pourrait mettre
à ses secours ; mais comme on ne les aura pas demandés,

a d'ordinaire, les moyens de les faire réaliser.
L'émigration proposait des cessions très dommageables pour la France; elle offrait la Bresse, qui
finit dans les faubourgs de Lyon; et qui, par sa
position, ouvre la France par son centre. Elle
s'en détachait avec une facilité calculée sur les
motifs que la Bresse est une petite province, et
que la France ne la possède que depuis un siècle.
Quand l'émigration demandait une armée à la
Suisse, lorsqu'elle capitulait des régimens allemands, elle appelait les uns et les autres à intervenir dans l'intérieur de la France; quelle que
soit l'élévation du rang, elle ne donne pas droit
à la participation aux actes de la souveraineté :
les manifestes sont au nombre de ces actes. Le
souverain parle au nom de la société; on trouve
dès 1790 un acte de ce genre, qui n'est sûrement pas de la compétence d'un particulier (1).

il n'y pourra mettre de prix; et la chose réussissant, les
Princes ne seraient engagés à rien vis-à-vis de lui. » Par
conséquent, ils étaient engagés là où ils avaient demandé.
(*Mémoires et pièces à la fin de l'ouvrage.*)

(1) *Mémoires de Condé*, p. 45. *Manifeste de S. A. S. le
prince de Condé.*

« Depuis un an j'ai quitté ma patrie; je dois exposer aux
yeux de l'Europe les motifs qui m'ont forcé d'en sortir.

Il serait presque scandaleux de s'appesantir sur
le droit de surprendre des villes, de gagner des
régimens, d'engager à prêter des sermens, en
vue de politique: sermens que l'on refuse soi-
même, que l'on prohibe aux autres, ou dont
on fait des taches chez eux. On dira de même
des remises des clefs de forteresses par des commandans, des armées livrées ou amenées à ceux
contre lesquels on a demandé de les garder ou
de les conduire. Ces pratiques sont le tombeau
de la morale; des faits trop nombreux les ont
fait dégénérer dans un usage funeste; les partis
surtout s'en emparent avec avidité, mais rien ne
les justifie; ceux mêmes qui en profitent ne les

» Le peuple français est égaré par des factieux; mais il
ouvrira les yeux, ce peuple bon; il rougira des crimes que
l'intrigue et l'ambition de ses chefs lui ont fait commettre,
il relèvera de ses propres mains le trône de ses rois, ou je
m'ensevelirai sous les ruines de la monarchie. La *noblesse
est une : c'est la cause de tous les Princes; de tous les gentilshommes que je défends, ils se réuniront sous l'étendard
glorieux que je déploierai à leur tête.*

» Oui, j'irai, malgré l'horreur que doit naturellement
inspirer à un descendant de saint Louis l'idée de tremper
son épée dans le sang des Français, *j'irai à la tête de la
noblesse de toutes les nations;* et, suivi de tous les sujets
fidèles à leur roi, qui se réuniront sous mes drapeaux,
j'irai tenter de délivrer ce monarque infortuné. »

estiment pas. Les intentions ne prescrivent point
contre le droit, et la droiture, les pouvoirs, ne
se demandent et ne s'acceptent que dans le sens
de celui qui les confère ; le serment ne se prête
que dans le sens de celui qui le demande ; le ciel
attesté ne se plie pas aux calculs de la politique, les fausses consciences sont le fléau de la
société : périssent ces odieuses maximes ; depuis
trente ans, elles ont attaqué les principes vitaux
de la sociabilité ; puissent-elles à jamais disparaître
et laisser la société et la bonne foi travailler sans
interruption au rétablissement de l'ordre vérita-
blement bon pour la société Si quelque mauvais esprit concluait, de ce que nous disons, la
prohibition du retour à de meilleures voies, il
trouvera la réponse dans les principes que nous
avons établis à ce sujet ; là, il pourra apprendre
comment on sort de la mauvaise voie par des
moyens honnêtes. L'erreur reconnue, il faut se
hâter d'en sortir, mais par la bonne porte ; le
pouvoir devenu fatal, il faut le remettre et ne
pas le livrer, se séparer de ce que l'on a servi et
non pas le combattre. Les illuminations soudaines
qui apparaissent aux hommes de quarante ans,
qui ont séjourné dans une cause assez de temps
pour la bien connaître, qui peut être en ont
beaucoup reçu, et qui en attendaient peut-être

encore plus , sont des grâces si privilégiées qu'on
ne peut pas les admettre sans quelques restric-
tions.

Terminons cette discussion si triste par son
sujet, par cette observation : Déplacez la cause et
la scène ; faites qu'il s'agisse des mécontens de
Hongrie, des Polonais, des Génois, des Véni-
tiens, des Suédois ; comparez la position respec-
tive de chacun de ces émigrés avec celle des émigrés français, la cause des uns avec celle des
autres, et voyez ce qui sera fait d'eux et pour
eux.

Je pourrais fermer ici cette discussion ; elle
est épuisée sur le point capital, le *droit.* Il
n'y a pas de droit, la cause est terminée ; on
serait même fondé à dire qu'il n'y a pas de
cause ; car des allégations et des intentions
contre des obligations positives ne suffisent point
pour constituer une cause, et l'émigration ne
peut exciper que du droit qu'elle suppose et
qu'elle a fait pour elle-même, mais qui est sans
conformité avec les droits qui règlent les autres
sociétés. Cependant je continuerai l'examen commencé. On a tant parlé en sens contraires sur
l'émigration, qu'il serait précieux d'arriver enfin
à s'entendre par l'adoption de bases convenues
de part et d'autre. Qui entend un émigré et un

sou émigré, entend deux langues différentes, et peut croire voir deux hommes de contrées étrangères l'une à l'autre. Telle est la sensation que produisent sur moi toutes ces discussions contradictoires. Essayons, pour la paix publique, de préparer des moyens de rapprochement entre des opinions si divergentes.

L'émigration est une question immense dont les acteurs et les écrivains n'ont pas mesuré l'étendue ; présentons-en quelques rapports. L'émigration est une question libre; aucune loi n'a consacré ses droits ni commandé l'évaluation de ses faits. Permis à chacun de les juger suivant la portée de son entendement, les devoirs ne concernent que les personnes. J'ai mis du soin à n'en désigner aucune, et je n'ai employé que les désignations générales. L'indemnité est une question de haut intérêt public : tout ce qui va suivre n'a pas d'autre but que de constater en quoi elle le favorise ou le blesse. La justice exige qu'on ne prête pas, à mes paroles, un sens que je n'y mets pas.

CHAPITRE XXVII.

De l'émigration par rapport à la légitimité.

Il ne faut pas confondre les objets. On entend dire que l'émigration s'est dévouée pour la légitimité. Les dates suffisent ici pour répondre. La légitimité s'entend de deux manières : 1° comme susbtitution d'un gouvernement à un autre, avec exclusion du souverain ; 2° comme substitution d'un souverain à un autre. La première définition est prise *in sensu lato*, car le mot de légitimité ne s'applique guère qu'à la seconde ; dans les deux cas, l'émigration est en dehors de la question de la légitimité. L'émigration date de 1790 à 1792 ; à cette époque, il est vrai, il y avait eu modification dans le mode du gouvernement ; mais il n'était question ni de l'exclusion absolue du souverain par la destruction même de la souveraineté, ni de la substitution d'un autre souverain. A proprement parler, il n'y a eu de question de *légitimité*, que depuis l'élévation à l'empire. Cela ne fait rien aux mérites de l'émigration, mais seulement peut servir à les faire rapporter à leur objet véritable.

Rien n'est si rare que les hommes qui s'entendent bien eux-mêmes, et dont toutes les démarches sont conformes aux principes qu'ils adoptent comme règles de conduite. En tout, la suite est chose rare, et principalement dans les temps de partis. Alors, on n'est guère occupé que de prévaloir, et de chercher des appuis ; de quelques mains qu'ils viennent, ils sont acceptés; c'est ce qui est arrivé pour l'émigration ; une fatalité singulière l'a conduite à réclamer des secours dans un ordre de choses qui sûrement n'était guère conforme à celui dont le rétablissement était l'objet de ses travaux ; elle s'est adressée à la Russie, à la Suède, à l'Autriche, à la Prusse, et, plus tard, à l'Angleterre. Quel ordre de légitimité dynastique régissait plusieurs de ces pays ? Quel ordre de légitimité politique régissait la Suède ? N'était-ce pas la révolution de 1773, opérée à main armée contre la constitution du pays ? Quels droits l'Autriche et la Prusse avaient-elles sur la Pologne ? Pendant que l'impératrice Catherine montrait tant d'éloignement pour les principes de la révolution française, n'était-elle pas occupée d'un partage nouveau de la Pologne, et ne faisait-elle pas descendre du trône celui qu'elle y avait élevé. Pétersbourg n'avait donc rien à reprocher à Paris (1).

L'émigration a témoigné un éloignement très patriotique, des vues intéressées que l'Autriche a montrées dans le cours de la guerre. Au reproche d'avoir servi avec l'étranger, elle répond qu'elle n'a jamais voulu prendre part à ses actes de conquête. L'intention est aussi certaine qu'elle est louable ; mais elle n'empêchait point que, par le fait, l'émigration ne coopérât à ces conquêtes, et à ce dépouillement de la France. L'intention du dépouillement fut proclamé au congrès d'Anvers, par l'Autriche et l'Angleterre le 2 avril 1793 ; depuis ce temps, sous toutes sortes de formes, l'émigration a servi ces deux puissances, et avec elles. Mais ce qui achève la question, c'est que, pendant que l'émigration demandait l'intervention désintéressée, elle offrait des cessions de territoires, et allait ainsi au-devant des conquêtes. Ceci est digne de remarque. Le malheur peut

(1) L'émigration a servi sous les drapeaux d'un prince non catholique, marié, qui, de sa seule autorité, s'était constitué *grand-maître d'un ordre religieux catholique.* Elle a accepté de sa main des bénéfices fort riches, sans incidenter sur la qualité du donateur. Pauvres humains ; que de contradictions parmi vous !

aller jusque là ; son pouvoir peut s'étendre jusqu'à
faire subir des contradictions manifestes ; du
moins faut-il alors admettre un système de compensation ; et si, d'un côté, on doit s'abstenir de
reproches, de l'autre, ne serait-il pas à propos
de s'abstenir de réclamer à titre de mérites ?

CHAPITRE XXVIII.

*Second récit de M. le marquis d'Ecquevilly sur
l'émigration.* (Vol. 2, p. 23 et suiv.)

LES masques étant alors soulevés, car on ne
peut avancer qu'ils fussent tous absolument tom-
bés, la plupart des obstacles que l'on avait éprouvés pour la formation des émigrés, disparurent ;
on eut la permission d'armer, de se monter,
d'équiper les différens corps ; des emplettes de
chevaux, de charriots, et de toute espèce d'effets militaires, furent faites de toutes parts. L'af-
fluence devint extrême à Coblentz; l'intrigue de
Versailles, qui avait commencé à s'y manifester
depuis le mois de juin de l'année précédente,
avait fait de grands progrès; elle présida à bien
des choix et à plusieurs décisions qui furent gé-

néralement blâmés : le luxe se reproduisit sous toutes les formes; enfin Coblentz, qui n'aurait dû présenter que l'aspect d'un camp, offrit, jusqu'à l'ouverture de la campagne, celui d'une cour brillante; et ces observations, qui n'échappèrent pas aux souverains et surtout à leurs ministres, furent peut-être le principe de l'indifférence dont les puissances donnèrent depuis cette époque tant de preuves. L'exaltation des gentilshommes était alors à un tel point, et les dates de l'émigration tellement calculées, qu'un grand nombre des arrivans furent repoussés, comme coupables d'avoir hésité et tardé trop long-temps à prendre une résolution, souvent hérissée d'obstacles, que l'honneur prescrivait. Le prince de Saint-Maurice, fils du prince de Montbarrey, ancien ministre de la guerre, dont la conduite avait paru équivoque dans le premier moment des troubles de la Franche-Comté, sa province, s'étant présenté à Coblentz, *fut menacé d'être jeté dans le Rhin, s'il osait coucher dans cette ville.* L'effet que produisit cette rigueur exagérée, fut funeste sous un double rapport; elle diminua considérablement le nombre de ceux qui venaient faire aux Princes hommage de leur valeur et de leurs talens, puis elle irrita leur amour-propre par un tel accueil : en résultat, plusieurs militaires couru-

Ire Partie.   12

rent offrir à la mauvaise cause les moyens qu'ils avaient eu l'intention d'employer pour la bonne. De ce nombre fut M. d'Arçon, officier du génie très distingué, dont les talens furent si utiles aux républicains, ayant principalement contribué aux plans des différentes campagnes qu'ils firent ensuite avec tant de succès.

Les rassemblemens de gentilshommes qui se faisaient autour des Princes, m'ayant donné quelque espoir sur l'usage qu'on pourrait faire d'eux, je partis de Bruxelles dans les premiers jours de mars, pour me rendre auprès du prince de Condé, qui, ayant quitté Worms, se trouvait alors fixé à Binghen, petite ville de l'électorat de Mayence, sur les bords du Rhin. Je m'arrêtai à Coblentz le temps nécessaire pour rendre mes hommages aux Princes frères du Roi. Je trouvai M. de Calonne, jouissant exclusivement de leur confiance, et employant fort inconsidérément, ainsi que j'ai déjà eu occasion de le dire, les fonds considérables accordés par l'Impératrice de Russie et plusieurs autres souverains, qui, à cette époque, s'empressaient de faire passer des secours aux Princes émigrés. Je ne tardai pas à m'apercevoir de la petite jalousie que quelques personnes de la cour de Coblentz commençaient à concevoir sur le nombre de gentilshommes, et particulièrement

d'officiers, que la réputation militaire du prince
de Condé, et la considération dont il jouissait
dans l'armée, attiraient sous ses drapeaux. Un
propos que me tint le maréchal de Broglie, ne
put me laisser aucun doute à cet égard. Lorsque,
s'étant informé de mes projets, je lui dis que j'a-
vais celui de joindre le prince de Condé à Binghen.
Pourquoi cela? me répliqua-t-il d'un ton assez
sec ; *il vaut mieux avoir affaire à Dieu qu'à ses
saints.*

CHAPITRE XXIX.

*Pourquoi l'émigration s'est-elle adressée aux
princes absolus.*

PARCE qu'ils étaient absolus, agissant sans le
contrôle de l'opinion publique, le seul moyen
capable de découvrir la vérité, et de prémunir
contre les fausses démarches. Dans l'ordre du
pouvoir absolu, une seule volonté suffit à tout;
par conséquent il suffit d'influencer un seul
homme. En s'assurant de la main qui manie le
pouvoir, on jouit de ce pouvoir lui-même : ainsi,
dans ce temps, la volonté de Gustave et de

Catherine dominait la Suède et la Russie; en
Autriche, le prince de Kaunitz; en Prusse,
MM. de Hauguitz, ou de Bischoffverder, impri-
maient, sans contrôle public, le mouvement à
l'État. Il suffisait donc d'arriver à eux; leur
détermination suffisait à tout. Mais comment
cela aurait-il eu lieu en Angleterre, avec la double
publicité de la presse et des discussions parlementaires?... Un ministre de Sardaigne ou d'Espagne pouvait écouter une proposition de cession
pour la Bresse ou pour Saint-Domingue; mais
comment M. Pitt, en présence de dix journaux
non censurés, et de l'opposition parlementaire
des Fox, des Shéridan, des Romilly, aurait-il,
comme Gustave, proposé une descente en Normandie? Comment aurait-il été reçu à dire : L'é-
migration française nous propose *Calais*, que
nous avons long-temps possédé, et *Saint-Domingue*, qui nous arrange fort? Ces propositions
ne peuvent, par leur nature même, être présentées qu'à des pouvoirs absolus, irresponsables,
affranchis du contrôle de la publicité; celle-ci
est la condition *sine quâ non* des Gouvernemens
réguliers, comme sa suppression est celle des Gouvernemens irréguliers. Ceci nous conduit à parler
des principes et de la conduite de l'Angleterre,
dans les circonstances de ce temps.

CHAPITRE XXX.

De l'Angleterre relativement à l'émigration.

Il faut distinguer deux choses : 1° la conduite
et les principes politiques de l'Angleterre ; 2° sa
conduite hospitalière.

L'Angleterre eût-elle admis une émigration politique ? La connaissance du droit est trop avancée
dans ce pays ; la liberté d'entrer et de sortir est illimitée en Angleterre ; mais dès que la sortie eut été
opérée en corps de caste, avec la proclamation d'intentions hostiles, avec l'appel de l'étranger, l'Angleterre y aurait pourvu législativement. Ce qui
se passa à l'époque de Guillaume III, a un caractère différent de l'émigration systématique de
France, et celle-ci désapprouve le fait de Guillaume *comme droit*. L'Angleterre, plus qu'aucun
pays de l'Europe, a éprouvé des troubles civils ;
jamais elle n'eut d'émigration systématique. Si
l'Irlande s'est rapprochée de l'exemple de la
France, aussi a-t-elle été confisquée, et reste-t-elle
confisquée sans aucune réclamation parlementaire ;
et sûrement la cause de l'Irlande, réclamant la

liberté de son culte, et le *roi légitime* supplanté par son propre gendre et par sa fille, était très favorable en *droit*. Le droit et le devoir de l'Irlande étaient manifestes.

L'Angleterre eût-elle jamais permis sur son territoire des rassemblemens armés, destinés à agir contre un pays avec lequel elle était en paix? N'est-ce pas une faculté prohibée par le droit des nations? Ce droit ne permet pas même l'achat et le transport des munitions et des autres efeffets de guerre destinés contre le pays avec lequel on est en paix. L'Angleterre vient de le refuser aux républiques d'Amérique et à la Grèce. En 1822, la France accordait l'hospitalité à l'armée de la Foi, après le désarmement préalable, alors elle agissait d'*après le droit*. L'Angleterre eût agi de même à l'égard de l'émigration française. Tout autre procédé est un acte hostile, et qui, de la part de l'État exposé à souffrir de cette tolérance, fonde un droit à réclamation : aussi le consentement à ces armemens est-il toujours tacite, et déguisé, de manière à se ménager des excuses et des interprétations suivant les circonstances.

Du reste, dans tout ce qui a précédé ou bien accompagné l'émigration, l'Angleterre ne s'est pas écartée de la ligne des principes qu'elle a

proclamés depuis le congrès de Troppau : elle était,
en 1792, ce qu'elle s'est montrée en 1820 et en
1822. Toujours elle a décliné l'*intervention du*
dehors dans les affaires du dedans. Suivons les
faits ; ils doivent faire notre règle. Je prie le lecteur de bien fixer les dates.

Le 10 août avait épouvanté l'Europe, renversé
le trône, rendu le monarque captif. L'affreux
2 septembre avait eu lieu ; la guerre était en pleine
activité, la retraite de Champagne effectuée, les
Pays-Bas, la Savoie, le comté de Nice envahis,
la république proclamée. Eh bien, l'Angleterre
interviendra-t-elle ? Non. *Le 14 décembre, à l'ou-*
verture du Parlement, le Roi déclare qu'il s'op-
posera aux agrandissemens politiques de la
France, mais qu'il n'interviendra pas dans ses
affaires intérieures. Il fait plus, car il ne déclare
pas la guerre contre les envahissemens déjà effec-
tués ; il attend la déclaration, 1ᵉʳ février 1793, que
le parti politique de la Convention lui adressa,
comme ce même parti l'avait fait déclarer à
Louis XVI, le 20 avril 1792. *Nous lui avons fait*
déclarer la guerre pour le perdre, a dit Buzot, lorsqu'il crut n'avoir rien à craindre en disant tout.
C'est la sécurité qui est la mère la plus féconde
des révélations. Alors on se vante de ce que l'on
avait caché jusque là, de ce que l'on a fait, et même

quelquefois de ce que l'on n'a pas fait. L'ambas-
sade anglaise, ainsi que plusieurs autres, restè-
rent à Paris jusqu'au 10 août.

Dans le cours de la guerre, l'Angleterre maintenant toujours l'ordre de *guerre d'État à État*,
et non pas de contre-révolution, a employé les
émigrés sous plusieurs formes ; elle les a aidés à
agir contre l'État qu'elle combattait, chose licite
par le droit de guerre, mais jamais elle n'a
adhéré à l'émigration comme système politique.

Quant à la conduite hospitalière de l'Angleterre, c'est à la reconnaissance de l'émigration à
lui rendre les hommages qui lui sont dus ; elle
sait combien ce peuple humain et généreux a
compati à ses infortunes, ce qu'il y a eu, dans
toutes les classes, de zèle et d'humanité pour les
soulager. On a vu le Roi de ce pays, et la mémoire ne doit pas en périr parmi eux, servir de
père aux ministres d'un culte long-temps hostile
pour le sien et pour son trône : trait digne de
cette âme vraiment royale et grande.

CHAPITRE XXXI.

Comment l'étranger et la France ont-ils jugé l'émigration comme système.

On voit, par ce titre, que nous ne nous occupons du jugement porté sur l'émigration que comme système politique ; tout ce qui tient aux personnes est à l'écart, et doit y rester ; elles ont dû être, chez l'étranger, l'objet des égards et de la considération qui leur étaient dus. A Padoue, on n'obtint de l'empereur Léopold que des paroles insignifiantes ; à Pilnitz, on se borna à des déclarations vagues, à un *alors*, et *dans ce cas*, qui sûrement n'entrait pas dans le sens de l'émigration. Le prince de Kaunitz et le comte de Mercy, qui dirigeaient le Cabinet de Vienne, étaient fort opposés au système émigré. Le cabinet prussien l'était aussi (1). Les souverains pouvaient partager les sentimens de l'émigration sur quelques actes qui avaient eu lieu en France,

---

(1) *Voyez* sur tout cela les Mémoires de Condé et d'Ecquevilly.

sur ceux qui tendaient à ajouter à la liberté des
sujets, et à diminuer le pouvoir du Prince; mais
eux et leurs ministres s'éloignaient du système
de l'émigration, parce qu'ils y voyaient un principe de guerre, et d'une guerre d'autant plus à
craindre, qu'elle devait se faire contre un peuple
en révolution, état qui, d'ordinaire, double sa
force; l'émigration croyait que c'était là ce qui
la ferait perdre à la France. La Sardaigne et
l'Espagne se refusèrent aux propositions de l'émigration, et se bornèrent à l'aider par de minces
secours pécuniaires. *Les mémoires souvent cités
tracent le tableau de la joie que l'aspect des troubles de la France produisait parmi les étrangers, qui croyaient y voir le principe de la diminution d'un pouvoir qui les offusquait;* c'est
alors que Burcke s'écriait que, *par la révolution,
la France était effacée de la carte politique, et
remplacée par un espace vide,* oracle menteur,
au point que, pendant vingt ans, cet espace
vide lui seul a été l'Europe politique, et que tout
le reste a tourné autour de lui, comme des satel-
lites autour de leur planète (1). Les mêmes Mé-

_____

(1) Le manifeste publié par le roi de Prusse au mois de
juillet 1792 énonce absolument la même idée. C'est ainsi
qu'était jugée la révolution française. Le nombre infini

moires avouent que *les rois de l'Europe ont à peine osé permettre aux émigrés de chercher un asile sur leur territoire ; qu'ils les avaient vus avec la plus grande indifférence, et qu'ils n'avaient pas montré d'intérêt pour eux ; que, dans la Belgique, la permission de réunir des émi-*

---

de faux jugemens portés sur ce grand évènement est ce qui a le plus aidé son développement. Burke a dit *que la coalition n'avait pas fait de fautes, mais que toute sa conduite avait été une faute.* On en peut dire autant des jugemens portés sur la révolution et sur la France. Pendant plusieurs années on a entendu M. Pitt lui-même annoncer la fin du pouvoir qui régissait la France, par les assignats, par la famine, par les mécontentemens intérieurs. Les écrivains payés par lui, et surtout M. d'Ivernois, ont chaque année fait un gros livre pour démontrer ces belles choses. Dans tout cela, il n'y avait de solide que l'argent touché par ces messieurs.

Pendant vingt-cinq ans l'Europe a tourné dans un cercle d'aberrations en tout ce qu'elle a fait et dit relativement à la révolution. Elle a passé sans intermédiaire de la confiance illimitée à une frayeur sans bornes : elle est revenue de la frayeur à la confiance, elle s'est humiliée devant elle, elle l'a courtisée; il n'y a pas eu un seul instant de jugement calme et calculé sur la nature des choses. On s'est étonné des progrès de la révolution; eh bien, à la manière dont elle a été envisagée et combattue, il faut s'étonner qu'elle n'ait pas été bien plus loin.

grés dans la ville d'Ath, avait été plutôt arrachée qu'accordée (1). L'histoire de ce temps apprend que, malgré toutes les sollicitations, la permission de s'armer ne fut accordée qu'en 1792, lorsque l'Assemblée législative menaçait d'une déclaration de guerre : alors les étrangers ne refusèrent pas le secours de l'émigration, comme on ne refuse pas l'adjonction d'un allié contre l'ennemi que l'on va avoir à combattre ; mais ce consentement ne se rapportait pas au système de l'émigration, il lui était postérieur, car celui-ci date de 1789 et 1790. Si l'on devait juger de l'appréciation du système de l'émigration, d'après le traitement qu'elle a généralement éprouvé de la part des étrangers, on ne pourrait pas en conclure qu'ils l'approuvassent ; car, hélas ! ces traitemens ont souvent été bien durs. Il suffit de dire que les grandes puissances ont admis à leur service, et à l'hospitalité, quelques émigrés seulement ; le reste a été repoussé, quelquefois durement, et même avec des formes acerbes. En quelques lieux, on n'a vu dans les émigrés que des recrues envoyées par le hasard, pour servir de supplément à celles que le pays avait à fournir (2).

(1) Mémoires d'Ecquevilly. (2) *Ibidem.*

Quant à la France, il y a trois manières d'évaluer son opinion : 1° le nombre des émigrés; ils ont
été 50,000, et les Français non émigrés, 27,000,000;
plus de la moitié de la noblesse n'a pas émigré ;
l'émigration n'est donc pas même la représentation de l'opinion de la moitié de son propre corps;
elle n'est sûrement pas celle du reste de la France.
2° La force et la persévérance de l'opposition de
la France à l'émigration. De quelque manière
qu'elle se soit présentée, avec l'étranger, seule,
en masse, isolément, toujours elle a trouvé la
France sous les armes contre elle. L'émigration
seule n'a pas pu y faire une lieue sans opposition ;
ses partisans ont à peine osé se montrer. L'émigration est tombée dans une erreur grande, et
qui lui a été funeste; elle a considéré comme ses
partisans, les hommes qui désapprouvaient quelques parties législatives, ou quelques actes déré-
glés de la révolution ; mais la désapprobation de
ces actes n'était pas l'approbation du système de
l'émigration, tant s'en fallait. 3° Dans la classe
qui a formé l'émigration, et dans les autres classes
de la société, manquait-il d'hommes éclairés,
prévoyans, instruits par l'histoire, qui annon-
çaient à l'émigration le sort qu'elle a éprouvé ?
Combien de fois lui a-t-il été dit qu'elle aurait le
sort des Jacobites, qu'elle serait abandonnée;

1789. Le plan proposé en 1791 , dit expressé-
ment *que le manifeste à publier doit porter le
maintien de la constitution du royaume, et celui
de toutes les constitutions particulières des provinces qui en ont, l'illégalité des états-généraux
actuels.* C'était donc du rétablissement de l'ancien
régime qu'il s'agissait. Mais celui-ci ne pouvait pas
aller sans le rétablissement de tout ce que l'Assemblée constituante avait détruit; par conséquent,
toutes les propriétés honorifiques et utiles étaient
rétablies dans l'intention de l'émigration. La réin-
tégration de celle-ci est indiquée dans les mémoires
déjà cités. On y lit : *Ce sera à la force de nos armes à nous faire rendre nos propriétés* (1). Tous
ces plans sont la suite de ce qu'on lit dans le mémoire des Princes remis au Roi en 1788, pendant
l'Assemblée des notables , à l'occasion du double-

(1) On lit, dans les Mémoires de Condé, sa proclamation,
qui porte : *La noblesse est une : c'est la cause de tous les
Princes, de tous les gentilshommes, que je défends. J'irai à
la tête de la noblesse de toutes les nations...* Comme si la
noblesse de chaque pays avait des droits au-delà de ceux
que lui assigne la constitution de son pays! comme si la
France était justiciable de la noblesse de l'Europe! En laissant à part la singularité de ces assertions , du moins
prouvent-elles que *la cause* était personnelle, et non de
pur dévouement. Il en a été de même pour le reste de

ment du Tiers : *que le Tiers-État cesse donc d'attaquer les droits des deux premiers ordres, droits qui, non moins anciens que la monarchie, doivent être aussi inébranlables que la constitution ; qu'il se borne à solliciter la diminution des impôts dont il peut être surchargé ; alors, les deux premiers ordres, reconnaissant dans le troisième des concitoyens qui leur sont chers, pourront, par la générosité de leurs sentimens, renoncer aux prérogatives qui ont pour objet un intérêt pécuniaire, et consentir à supporter dans la plus parfaite égalité les charges publiques.* Il est évident que la restauration de l'ancien régime avec celle de toutes les propriétés honorifiques et utiles, était la suite intentionnelle de l'armement de l'émigration, et qu'il ne lui a manqué que la force de l'effectuer. Ce n'est pas accuser l'émigration que de parler ainsi, c'est se borner à indiquer les faits et leurs conséquences ; par conséquent, l'action de l'émigration a été mi-partie de patriotisme, de dévouement et d'intérêt personnel ; elle s'est

---

l'émigration ; elle a combattu la révolution destructive de ses prérogatives autant que la révolution réformatrice de l'administration intérieure de l'État. Cette double tendance éclate dans tous ses actes ; elle est la suite nécessaire de son système.

Ire Partie.   13

armée dans sa cause propre, autant que dans la
cause française ou royale ; il ne faut rien retran-
cher à ses mérites, mais il ne faut pas non plus
cacher l'intérêt, et ne montrer que le côté du
mérite. La justice exige l'exposition pleine et sans
réserve de la cause. Mais ici revient la question de
droit, cette question qui revit à chaque instant
dans cette discussion, et qui fait la base de toutes
les affaires. Quelles qu'aient pu être les intentions
de l'émigration, avant tout, elle doit montrer son
droit. Ne peut-on pas lui demander quel était son
droit à chasser, de son propre mouvement, l'Assemblée que la France reconnaissait ? comment
elle-même avait été formée, par raison ou par
entraînement ? si l'Assemblée qui déplaisait à
elle, qui comptait 50,000 têtes, ne plaisait pas à
27,000,000 de Français? qui l'avait constituée juge
armé de la France? et qui forçait les Français, sous
peine des faits de la guerre, à reconnaître ses arrêts ? si la place légitime du tribunal était au-delà
du Rhin? et si les étrangers avaient aussi le droit
de faire rétablir par les armes l'ancienne constitution du pays? Voilà bien des questions que l'émigration a franchies, ou bien tranchées, et qui va-
laient bien la peine d'être prises en considération.
L'émigration a toujours montré *les trois ordres*
comme les bases inébranlables de la monarchie.

Ces bases existent-elles de nos jours? Si alors elles
étaient inébranlables, comme elle le disait, pourquoi l'émigration n'en parle-t-elle plus dans l'ordre qui a confirmé leur destruction? Elle a fait la
guerre à celui qui a frappé le premier coup; ce qui
ne se pouvait pas tolérer alors, comment l'admet-
elle aujourd'hui? Son ancienne doctrine la met
dans une position fausse avec l'état actuel : voilà
à quoi l'on s'engage avec ces assertions absolues,
qui excluent les modifications inévitables du
temps et des circonstances. La Charte a été plus
sage, car elle les a reconnues.

Il est donc bien certain que c'est contre la totalité
de la révolution, surtout contre l'Assemblée constituante, et dans son intérêt propre, que l'émigration s'est armée, ce qui, dans *la question actuelle,*
est essentiel à noter; car il s'agit d'une indemnité
demandée à la France, au nom du droit et du dévouement. Celle-ci est-elle tenue de payer les efforts
infructueux que l'émigration a faits pour reprendre
ses honneurs et ses biens? Si aucun intérêt personnel à l'émigration n'était mêlé dans sa cause,
elle se présenterait d'une manière plus favorable
qu'avec ce mélange; quelle est la part qu'il faut
faire ici au dévouement et à l'intérêt propre?
comment montrer que l'un n'a pas servi de mobile et même de masque à l'autre? Tout doit être

13..

examiné, évalué dans une juste mesure, et surtout quand il s'agit de choses aussi graves qu'une
imposition sur *tout un peuple*; car, quelque nom
qu'on lui donne, l'indemnité sera une *imposition*
sur la France entière.

CHAPITRE XXXIII.

L'émigration pouvait-elle réussir?

Ce n'est pas tout que d'entreprendre, de plus
il faut réussir. Mais quels sont les gages du succès?
les moyens bien calculés sur la nature de l'entreprise, et proportionnés à son étendue? Si ce préalable est indispensable pour le succès des petites
choses, combien plus ne l'est-il pas pour celui des
grandes entreprises! et quelle entreprise plus
grande que celle d'agir sur une nation forte en
nombre, en étendue et en moyens de toute espèce! Mais ce n'est pas tout : un premier succès
n'est rien, de plus il doit être consolidé; c'est sous
ce double rapport qu'il faut envisager l'entreprise de
l'émigration. 1°. Pouvait-elle prévaloir par ses armes
seules ou jointes à celles de l'étranger? 2°. Pouvait-
elle établir son système d'une manière durable?

L'émigration a pu agir seule ou bien avec l'étranger ; elle l'eût fait de la première manière, si elle en avait eu la permission ; mais elle n'a eu celle de s'armer qu'en 1792 ; alors la guerre contre l'Autriche était imminente. La plus grande force de l'émigration a paru dans la campagne de Champagne ; elle s'élevait à 20,000 hommes dont 12,000 étaient nobles. De quelle efficacité pouvait être un nombre pareil, en comparaison de celui qui pouvait lui être opposé ? Quelle confiance n'eût pas inspirée à ses adversaires la vue de cette poignée d'hommes isolés, au milieu d'un pays tel que la France ? L'attaque aurait-elle eu lieu du temps de l'Assemblée constituante ? Mais le pouvoir immense que cette Assemblée exerçait sur la France, eût fait sortir des bataillons de dessous terre. Etait-ce sous l'Assemblée législative ? Mais les hommes de ce temps n'ont que trop prouvé que rien ne les intimidait, et qu'aucun moyen ne leur coûtait pour se défendre. L'émigration comptait sur l'explosion du mécontentement, et sur la défection des troupes ; cet espoir ne l'a jamais abandonné, et il sera prouvé, dans un instant, combien il était chimérique *dans les circonstances alors existantes*. Je ne balance pas à le dire, et à proclamer ma reconnaissance envers le Ciel, d'avoir empêché cette entrée isolée de l'émigration ; car il m'est démontré mathématiquement que jamais deuil

plus grand n'eût frappé la noblesse française, et
que pas un seul des hommes entrés n'eût échappé.
L'émigration eût trouvé un *Quiberon* général, et,
avec le *Quiberon* partiel, il y a eu assez de sujets
de douleurs (1). Qu'eût produit l'entrée de l'émigration avec l'étranger ? Sous la Constituante, le
mouvement spontané de la France contre lui. L'as-

---

(1) S'il est impossible de ne pas blâmer l'entreprise de
Quiberon faite en opposition directe avec l'état réel des
choses en France, et d'après des plans qui n'ont fait que des
victimes, il l'est aussi de ne pas détester la froide et absurde
barbarie qui a terminé cette scène. Qu'avait-on à redouter
de ces hommes désarmés, trompés dans leurs espérances,
avertis par leur malheur ? Que n'eût-on pas gagné en les
renvoyant hors de tout sévice ? Ne connaîtra-t-on jamais
la force de la générosité ? et si l'on ne s'élève pas jusqu'à
elle par sentiment, qu'on l'adopte du moins par calcul ; il
n'y en a pas de plus sûr. Eh quoi! ne savoir que *tuer*,
emprisonner ? Pauvres humains! comme vous vous traitez
entre vous! et puis vous vous accusez mutuellement d'être
méchans! Reconnaissez votre propre ouvrage dans presque
tout ce que vous vous empressez de punir. Le Code pénal
atteint l'acte produit; la générosité, la magnanimité em-
pêchent de le produire. Des sociétés régies avec grandeur
et générosité, seraient à peu près exemptes du besoin des
peines: celles-ci, à force d'avoir été multipliées, ont perdu
presque toute leur efficacité morale, au profit de la société. Il ne reste guère que l'effusion du sang *en pure perte*
pour la société. L'état social de l'Europe a besoin d'une

semblée eût passé la Loire, et serait revenue sur
l'ennemi avec des forces immenses; des milliers
d'hommes, à part de toute opinion politique, auraient combattu au seul titre de l'indépendance
nationale. Si tant de bras se sont armés en dépit
des excès de 1792 et 1793, comment ne l'auraient-
ils pas fait sous l'Assemblée constituante, qui en
était pure? Une guerre terrible se fût donc allu-
mée dans l'intérieur, et du moins ne l'a-t-on eue
que sur la frontière. Les étrangers et les émigrés au-
raient-ils suffi pour attaquer toutes les places fortes
de la France? pour quelques commandans qui auraient tenté de les livrer, car il n'est pas sûr qu'ils
en eussent eu la faculté, comme l'expérience l'a
prouvé, puisqu'il n'y en a pas eu une seule qui

---

grande révision. Il n'y a qu'à voir ce qu'a produit la manière dont on a, jusqu'ici, conduit le monde.

La république du Mexique vient de donner un exemple
qui soulage le cœur du fardeau dont l'oppressent tant de
choses qui se passent ailleurs. Après la mort d'*Iturbide*,
elle a fait une pension de 40,000 francs à la veuve et aux
enfans. Puisse cet exemple servir de règle, et amener enfin
quelque discernement au profit de l'humanité dans l'application des peines! Le coupable a payé du plus grand
prix que l'homme puisse donner à la justice, *sa vie*. Les
enfans, les femmes ne sont pas coupables; on prend soin
d'eux : cela est beau, généreux et instructif.

ait été rendue de cette manière, combien se seraient
défendues avec opiniâtreté ! Beaurepaire, comman-
dant de Verdun, se tue, Lille se laisse bombarder,
Thionville se défend, Landau se soustrait aux manœuvres ourdies pour le livrer, Strasbourg de
même ; et tout cela après le 10 août et l'affreux
2 septembre. Qu'eût-ce donc été dans un autre
temps ? Tous les plans d'attaques armées contre la
France, étaient calculés en opposition directe avec
ce qui existait alors. On ne doit pas se prévaloir des
exemples de 1814 et de 1815. La différence entre
ces deux époques est immense : dans l'une tout com-
mençait, et dans l'autre, après 23 ans de guerre, tout
était fini (1). Depuis 1790, l'émigration a invoqué

---

(1) Voilà l'observation qui a échappé à tous ceux qui
ont traité des évènemens de ce temps ; ils ont vu des calculs personnels où il n'y avait que nécessité publique. On
a écrit de la restauration dans le même esprit ; on souffre
à voir faire un évènement privatif, provenant d'intérêts
privés, d'une chose qui était écrite dans toutes les circonstances de l'époque. Il en a été de la restauration comme
de la révolution ; toutes les deux étaient faites avant d'éclater, tout était usé avant la révolution, tout l'était de même
avant la restauration. Dans les deux cas, le changement
a été forcé.

Les hommes qui se mêlent de caractériser de pareils évènemens ainsi que leurs auteurs, devraient bien commencer

le secours de l'étranger. Comme elle n'avait que
des intentions françaises, elle les supposait de
même aux autres, et cherchait à les leur inspirer;
mais comment pouvait-elle se laisser aller à cet
espoir, avec l'évidence des faits qu'elle connaissait,
et dont ses écrivains ont tracé le tableau? Qu'on
n'allègue pas les manifestes et les déclarations
émanées des puissances avant l'ouverture de la
campagne de 1792; le langage des manifestes est
assez connu. Et comment pouvait-on s'y laisser
prendre, lorsque quelques jours après les manifestes, il se passait un fait tel que celui dont
M. d'Ecquevilly donne le détail (1)? Est-ce donc

_____

par en étudier la nature; ils s'épargneraient des jugemens
bien faux, et ils épargneraient aux autres d'injustes imputations.

(1) *Mémoires d'Ecquevilly*, pag. 32, 33.

Le prince de Condé envoya prier le prince de Hohen-
lohe, qui commandait une armée autrichienne de dix-huit
mille hommes, dans les environs de Landau, de faire un
petit mouvement qui pût favoriser ses projets sur Landau.
Le peu de bonne volonté des Autrichiens commença à se
manifester par le refus d'accéder à la demande du Prince.
Les premières observations portèrent sur les dangers que
le Prince pourrait courir, si l'expédition ne réussissait
pas. Ces observations furent combattues de manière à

que les manifestes changent la nature des choses, qu'ils créent des cœurs nouveaux et réforment les anciens ? Que faisaient les manifestes aux vieux levains de haines et de jalousies qui divisaient les Autrichiens et les Prussiens (1) ?

Quand, en 1792, les Autrichiens et les Prussiens se présentèrent en France, ils n'y avaient pas encore fait un pas, et déjà ils étaient discords entre eux ; ils ne s'entendaient sur rien : le duc de Brunswick changeait de plan deux fois par jour. A Verdun, les uns voulaient une chose, et les autres une toute différente ; l'armée des Princes

---

ne devoir plus être reproduites. Le général autrichien, poussé à bout, finit par s'expliquer plus clairement : *Eh bien ! puisqu'il faut vous le dire, j'en suis désespéré pour le prince de Condé, mais il n'entre pas dans le plan des puissances, qu'il occupe dans ce moment Landau, ni aucune autre place de l'Alsace.* Cela se passait le 6 août 1792, quelques jours après les manifestes ; et puis, qu'on parle des manifestes! — Les manifestes des étrangers signifient seulement : *Ne me résiste pas.* Tout peuple doit leur répondre : *Je résisterai.*

Madame Campan rapporte, pag. 256, vol. 2, les dernières paroles de la Reine, pendant qu'elle habita le bâtiment des Feuillans ; les voici : *Les étrangers voulaient profiter des dissensions de la France.*

(1) *Voyez* la lettre du duc de Brunswick à la fin de l'ouvrage.

fut séparée en trois corps, dans la vue d'atténuer l'influence française. L'émigration avait donc été chercher des alliés dont elle ne pouvait pas recevoir une assistance positive. Les seuls alliés réels de l'émigration étaient la Suède et la Russie; mais, à la distance où elles sont placées de la France, elles étaient des alliées d'intention plus que de fait. D'ailleurs, dès ce temps même, l'Impératrice écrivait qu'elle ne pouvait agir efficacement, étant occupée d'un nouveau partage de la Pologne. L'émigration était donc réduite au seul appui de ses alliés d'Allemagne, qui prohibaient l'entrée des troupes françaises dans Landau, et les autres places de l'Alsace.

La Sardaigne, l'Espagne et l'Angleterre ne concouraient pas avec l'émigration; les deux premières s'y étaient refusées, la troisième n'aurait pas voulu y entendre.

Mais il y a plus : quand on fait une entreprise, du moins faut-il commencer par s'assurer de la faculté d'agir. L'émigration manquait de cette faculté : elle n'était pas sur son terrain ; elle devait commencer par obtenir la faculté de s'armer ; cette permission dépendait d'une multitude de considérations. L'émigration hostile date de 1790, et la permission de s'armer, de 1792; jusque-là, le séjour n'a été que permissif, et les armemens prohibés, ou déguisés (1). Le pivot sur lequel roulait toute cette affaire était l'*Autriche* ; elle ne voulait ni de l'émigration ni de la guerre, qui était la suite nécessaire de l'émigration. On voit, dans l'histoire du temps, que le prince de Kaunitz, directeur de la monarchie autrichienne, insistait, en 1791, pour l'adoption de la Constitution. Or, comme cette adoption était le contraire des plans de l'émigration, il suit évidemment que l'Autriche ne voulait pas l'armement; il est probable que, sans l'impulsion de l'Assemblée législative vers la guerre, celle-ci n'aurait pas eu lieu, et qu'on se fût borné à assurer la rentrée paisible à l'émigration. Elle avait donc commencé son entreprise sans être assurée des moyens de la réaliser; le pas le plus difficile, celui de la sortie, était fait, et celui de la rentrée n'était pas assuré : car, enfin, que fût-il

(1) Voyez dans les Mémoires de Ferrières, tom. 3, pag. 36, le détail de la mission de M. de Saint-Croix, envoyé par Louis XVI à l'électeur de Trèves, pour lui demander la dissolution des rassemblemens armés, et la réponse de l'électeur. — Le 8 juillet 1791, à Padoue, après l'arrestation de Varennes, l'empereur Léopold écrit au prince de Condé qu'il se réunira à ses alliés pour faire les représentations les plus fortes à l'Assemblée nationale, et assurer la sûreté et la liberté du Roi, et *la Constitution française.*

arrivé, si l'assemblée, moins hostile contre l'Autriche, eût réservé toutes ses rigueurs pour l'émigration ? L'Europe se serait-elle armée pour lui
faire rouvrir les portes de la France ? L'émigration s'est donc exposée à rester hors de France,
sans avoir *le plaisir de tirer un seul coup de
fusil.* Les traitemens personnels dont elle a été
l'objet, l'oubli total dans lequel on a laissé sa
cause pendant toute la guerre, autorisent à le
croire. A-t-elle jamais été comprise dans un traité?
L'histoire apprend, qu'au traité des Pyrénées,
les intérêts du grand Condé furent soutenus et
stipulés ; pendant 24 ans, ceux de son petit-fils, ni
d'aucun autre, n'ont occupé la moindre place dans
la foule des négociations qui ont eu lieu dans cet
espace de temps. L'émigration est rentrée par
amnistie, et, en 1814, il n'en a pas été fait mention par les coalisés, devenus maîtres de Paris,
pas plus qu'en 1815, époque à laquelle toute facilité se trouvait pour tout ordonner.

La générosité m'interdit de me prévaloir des
avantages qu'en trop grand nombre me donnent les résultats. Je me tais au souvenir de vingt
ans de malheurs : je me borne donc à dire : Tout
a tourné dans un sens directement contraire au
plan que l'on se proposait : donc il n'était pas
bon. Mais cela ne suffit pas au but que j'ai en

vue, celui de travailler à l'éclaircissement d'un point d'histoire, très mal exposé jusqu'ici. Je poursuis donc cet examen, dans cette ligne d'idées, et d'après des notions saines et véritables, car elles me sont fournies par la contexture entière du temps, qui a été témoin de ce grand drame.

Fut-il jamais un mouvement plus général, une adhésion plus forte, plus prononcée, une autorité plus vivement adoptée, et soutenue avec plus de chaleur que celle de l'Assemblée constituante? Parlons sans préjugés, et avec le calme qui convient à l'évaluation d'un fait qui est déjà loin de nous. Pourrait-on montrer, dans l'histoire, rien qui ressemble à ce qui se passait alors? D'un autre côté, fut-il jamais de dépouilles opimes telles que celles qui, à cette époque, furent distribuées à la masse populaire? fut-il jamais un avenir plus vaste que celui que l'on ouvrait devant toutes les ambitions? Toutes les barrières tombèrent à la fois : voilà pour la masse de la nation (1); il faut y joindre toute la partie intel-

(1) *Mémoires de Mad. Campan*, vol. 3, pag. 49.
Après avoir rendu compte de la venue du Roi à l'Assemblée, et du discours qu'il y prononça le 15 juillet 1789, Mad. Campan continue son récit et dit :
« *Je me mêlai parmi la foule; il était aisé de juger, à la différence entre le langage et les vêtemens de cer-*

lectuelle et théorique d'un ordre de choses propre
à prévenir le retour des désordres qui avaient
amené la révolution; et ce mobile agissait fortement sur toute la partie éclairée de la nation,
sur les hommes vraiment citoyens qui voulaient
avec ardeur faire remplacer toutes les irrégula-
rités antérieures par un régime régulier, fixe,
basé sur des principes certains, attesté par des
monumens visibles et dont le témoignage toujours
subsistant put servir de règle commune. Tel était
alors incontestablement l'esprit de la France (1):
comment l'émigration pouvait-elle frapper avec
quelque apparence de succès contre une telle
masse d'intérêts et d'opinions ? Elle n'était rien
quant au nombre des individus; elle était encore
moins quant à celui des intérêts : que présentait
l'émigration, qu'offrait-elle à la France, en com-

_____

*taines gens, qu'il y en avait de déguisés. Un homme me
saisit par le bras, et me dit: Oui, répétez souvent, là
où vous êtes placée, qu'il n'en sera pas de ces états
comme des autres, qui n'ont produit rien de bon pour
le peuple; que la nation est trop éclairée en 1789, pour
n'en pas tirer un meilleur parti, et qu'il n'y aura
pas à présent un député du Tiers, prononçant un discours à genoux.... »*

(1) *Voyez* les *Annales françaises,* p. 170, par M. Sallier,
conseiller d'État.

pensation de ce qu'elle lui demandait de céder ,
ou de restituer ? L'ancien régime , et pour ses ministres, les hommes que la voix publique accusait
de tous les maux , tels que M. de Calonne et d'autres
encore. La France était couverte d'intérêts matériels
et moraux, contraires à l'émigration. Quel pouvoir
devait exercer sur la France le rappel de l'ancienne constitution ? Eh , qui la connaissait cette
constitution ? Par son édit de juillet 1788, le Roi
avait demandé à tout le monde de la rechercher;
depuis les états de 1614, elle avait disparu à
tous les yeux. Une constitution d'un usage habituel exerce de l'empire sur l'esprit d'un peuple : mais où peut être le siége de son pouvoir, quand il n'en est question qu'une seule
fois dans deux siècles, de 1614 à 1789, et quand
les épreuves qui en ont été faites, ont toutes laissé
de tristes souvenirs ? La lutte était donc inégale,
l'émigration rencontrait dans toute la nation des
adversaires ; en vain alléguait-elle des désordres,
malheureusement trop réels, mais ils n'affectaient
pas la masse; ils étaient passagers , ils étaient
plus rares et moins graves qu'on ne les repré-
sentait. Cette disposition générale des esprits et
des intérêts a rendu vain tout ce qu'ont publié
le clergé, la noblesse, et les parlemens. Le premier faisait des sermons et des mandemens : on

lui répondait : Vous voulez vos dîmes et vos biens.
Les seconds parlaient de constitution monarchique, de dévouement au monarque; on leur répondait : Vous voulez vos honneurs et vos rentes.
Les troisièmes déploraient la violation des devoirs,
l'insubordination des esprits ; on leur répondait:
Vous voulez vos enregistremens et votre ancien
pouvoir. On rappelait à tous leur opposition ré-
cente à la cour : elle avait valu à ces corps la
considération qui s'attache toujours à la défense
des intérêts publics; ils la perdirent tous ensemble et à la fois, lorsqu'ils revinrent à réclamer
des formes anciennes, dans lesquelles on n'aper-
cevait pas des garanties suffisantes; car alors,
comme aujourd'hui, c'était des garanties que l'on
voulait, et tout ce qui ne les montrait pas était
repoussé. Le clergé, la noblesse et les parlemens
s'adressaient à des hommes intéressés à ne pas
les croire, et se trouvaient dans cette position qui
rend impossible d'être écouté (1). L'émigration
s'attaquait donc à une partie trop forte pour elle.

---

(1) *Mémoires de Mad. Campan,* vol. 2, pag. 160.

*M. de Laporte, ministre de la maison du Roi, s'occu-
pait de diriger l'opinion politique par des écrits payés ;
mais ces écrits n'avaient d'influence que dans le parti
royaliste, qui n'avait pas besoin d'être influencé.*

La révolution avait pénétré le sol de la France,
et tous les efforts pour la déraciner ne pouvaient
que l'y enfoncer plus profondément ; cela est si
vrai que les hommes qui détestaient les excès de
la révolution, l'auraient défendue contre l'émigration ; celle-ci avait un système si prononcé , si
tranchant, que tout ce qui tenait aux idées constitutionnelles, s'éloignait d'elle, comme elle s'é-
loignait d'eux ; c'est ce qui s'est passé entre l'é-
migration et les Lally, les Mounier, les Malouet,
les Clermont-Tonnerre et mille autres encore :
elle les notait du nom de *monarchiens* (1). Il en
était de même pour les milliers d'hommes qui ,
purs de tout excès, étaient prêts à soutenir la
révolution, comme destruction de l'ancien ré-

_____

(1) *Mémoires de Ferrières*, pag. 35, vol. 3.

« On exigeait des arrivans de prendre des attestations de
quatre gentilshommes, qui répondaient de leurs principes
et de leur attachement à la bonne cause. On exigeait
que les officiers qui avaient obtenu la croix de Saint-
Louis, la renvoyassent aux chefs de l'émigration , et
leur remissent les brevets des différens grades auxquels
ils avaient été promus. C'était un enthousiasme réel ou
factice de zèle pour la religion, de dévouement au Roi.
J'ai fait de mon Roi mon âme, disaient quelques émigrés; un corps sans âme peut-il exister? je perdrai plutôt
la vie que de voir avilir mon pays. »

gime, et pour la masse moins éclairée qui, ayant
reçu de cette révolution les avantages dont elle
jouissait, les eût défendus en elle. C'est pour avoir
détourné la vue de ces grandes considérations,
que l'émigration est tombée dans l'erreur qui l'a
perdue. Parmi elle, la révolution a toujours été
représentée comme une émeute, comme une sé-
dition. Il n'était question que de rebelles et de
gens bien ou mal pensans. Que faisait tout cela
à l'affaire ? quelle force ces reproches, ces injures
donnaient-elles à l'émigration ? Faut-il traiter avec
les hommes comme ils devraient être, ou comme
ils sont ? Quel médecin règle son traitement sur
la constitution que son malade devrait avoir, ou
bien sur celle qu'il a réellement ? Cette erreur
de l'émigration s'est propagée sur toute sa durée;
elle a fait comme ces hommes qui en parlant
de leurs partisans et de leur société, disent *tout
le monde*. Pendant dix ans, l'émigration a cherché à agir sur la France; toujours elle a pris ses
partisans pour la France, et la France qui *devait être*, pour la France qui *était*. Ainsi, qu'est-
il arrivé? Partout où elle s'est présentée, qu'a-
t-elle trouvée ? *la mort*. L'émigration se flattait
de l'attachement de l'intérieur en sa faveur : mais
à quel titre ? auprès des militaires. Le soldat lui
était étranger, il lui avait manqué; les officiers

14..

restés étaient montés en grade, et les sergens étaient devenus officiers par la retraite des émigrés. Auprès de l'ordre civil, les magistrats qui tenaient la place des anciens corps de judicature, pouvaient-ils désirer le retour des parlementaires ? Les administrateurs regrettaient-ils les intendans et les subdélégués ? étaient-ils prêts à leur céder la place sans résistance ? Une race nouvelle, un peuple nouveau tenait tous les ressorts du pouvoir. Comment l'émigration pouvait-elle se flatter d'ébranler et de dissoudre une pareille masse d'intérêts, tous contraires aux siens propres ? De ces considérations générales, passons à d'autres d'un ordre secondaire. L'émigration se proposait de rétablir le Roi dans la plénitude de son pouvoir et de sa liberté : le dessein était louable, mais l'exécution était-elle possible ? Eh quoi ! le Roi était à Paris, et l'émigration allait prendre poste de l'autre côté du Rhin, sans appui, sans territoire et sans armement autorisé, laissant entre le monarque et elle tous les intérêts qui la repoussaient ! Son apparition sur le territoire eût fait redoubler les précautions : fût-elle arrivée à Paris, les gouvernans auraient passé la Loire, et appelé à eux toute la France : croit-on qu'ils eussent manqué d'appui dans un peuple enthousiaste et armé ? c'est ce qui a trompé l'émigration ; elle a toujours borné sa vue aux gouvernans, et a cru la France séparée d'eux. Quelle erreur ! comme elle a coûté cher à tout le monde ! L'émigration se cachait à elle-même que cette époque était celle du plus grand élan des esprits, et de la plus grande force que la France ait jamais montrée. Cette force a pris trois formes différentes : patriotique de 1789 à 1792 ; terrible et guerrière de 1792 à 1800 ; militaire savante et régulière de 1800 à 1812. Que l'on se rappelle qu'en 1789, la France comptait vingt-huit ans de paix. La guerre d'Amérique fut faite par un détachement. Ses hommes propres à la guerre, de 18 à 36 ans, devaient former une masse de 3,000,000 d'hommes. Alors ses forces étaient fraîches, et entières ; elle n'avait aucune lassitude à oublier, aucune blessure à cicatriser, sa force était donc à son *apogée;* elle avait armé 2,000,000 d'hommes, exercés jusqu'à un certain point ; si ce n'étaient pas encore des soldats, ils étaient prêts à le devenir, ils mouraient d'envie de l'être, et les Français le sont plus vite que tout autre peuple. Les chefs de cet armement étaient pourvus d'habileté, et n'étaient pas dépourvus d'ambition ; les armes savantes, telles que l'artillerie et le génie, étaient restées en France ; elles suffisaient pour diriger une guerre habile, comme cela a eu lieu. Dans cette position, que pouvait l'émigration ? Seule, elle était nulle; avec l'étranger, elle allumait une guerre double avec le dedans et avec le dehors, sans pouvoir en assigner la durée, l'étendue, ni le résultat, comme il est arrivé.

L'émigration s'était flattée d'en imposer. L'Assemblée constituante a répondu à cela par l'attitude qu'elle garda au départ pour Varennes (1)

---

(1) *Mémoires de Ferrières*, pag. 33.

« *La lecture de la déclaration du Roi, aigrit plus les esprits qu'elle ne les intimida.* » Après le compte rendu des mesures, il ajoute : « Alors l'Assemblée passa froidement à l'ordre du jour, au milieu des acclamations du peuple, et discuta le Code pénal : le Gouvernement marcha, la tranquillité publique n'éprouva pas le moindre choc, les ouvriers s'occupèrent de leurs travaux accoutumés, les affaires s'expédièrent avec la même célérité que si le Roi eût été aux Tuileries, les carrosses roulèrent, les spectacles furent ouverts. Le peuple voyait avec joie les mesures sages que prenaient les députés pour maintenir le repos de l'État et la tranquillité de la capitale; une foule d'hommes et de femmes allaient et venaient paisiblement dans les rues, sur les quais, sur les places, s'interrogeant les uns les autres, et demandaient ce qui se faisait et ce qui se disait. Tous semblaient animés d'un même esprit; c'était moins un sentiment de crainte des suites que pouvait entraîner le départ du Roi, qu'un sentiment d'indignation d'avoir été

(*voyez* les détails dans les Mémoires de Ferrières); tout fut organisé, pour la défense, dans le calme le plus profond. On comptait sur la terreur qu'é-

---

trompé. Les contre-révolutionnaires espéraient que le départ du Roi serait le signal d'un grand mouvement, que Paris se livrerait à tous les excès de l'anarchie; au contraire, on eût dit que cette fuite, en créant un centre commun, avait éteint toutes les haines. »

Il faut observer que M. le marquis de Ferrières était membre du côté droit, et très prononcé contre la révolution. Son témoignage est irrécusable. J'étais aussi de cette Assemblée, et j'affirme que le récit de M. de Ferrières est la *vérité même*.

Pag. 377. — M. de Ferrières continuant son récit sur les suites de l'affaire de Varennes, ajoute : « Les nobles et les prêtres des départemens se conduisirent encore avec plus d'imprudence; tous crurent la contre-révolution faite; et, s'abandonnant à des transports qui leur coûtèrent cher dans la suite, les uns formèrent des rassemblemens dans leurs châteaux; les autres, sans attendre des détails ultérieurs, se mirent en chemin pour rejoindre le Roi. plus de 300 gentilshommes bretons et poitevins tentèrent de s'embarquer aux sables d'Olonne; le peuple prit l'alarme; ils furent contraints de se réfugier dans les bois, où la plupart périrent misérablement. Un grand nombre d'officiers abandonnèrent leurs corps, emportant leurs drapeaux, quelquefois même la caisse militaire, s'efforçant avant de partir, de débaucher leurs soldats; mais ce fut en vain. »

prouveraient des soldats novices; on s'est appuyé,
pour justifier cette croyance, sur les évènemens
de Turcoing et de Quéveraing. Le canon de Valmy
a encore répondu à cela, et vingt années des plus
grands succès militaires qu'ait jamais eus aucun
peuple, ont laissé cette réponse sans réplique.
On calculait sur des défections; on a vu si elles
laissaient les places vides, et si les remplaçans
ont manqué. En émigrant, les officiers croyaient
désorganiser l'armée, à peu près comme, en 1814,
Napoléon s'imagina qu'il désorganiserait les départemens conquis, et menacés d'une attaque,
en ordonnant à tous les fonctionnaires de rentrer
en France. Qu'arriva-t-il ? Le lendemain de leur
départ, des fonctionnaires indigènes prirent la
place, et livrèrent à l'ennemi toutes les ressources du pays (1). Les officiers émigrés étaient rem-
placés avec la même facilité : quelques-uns de ces
officiers emportèrent les drapeaux de leurs régimens, mais le régiment restait, et faisait d'autres

---

(1) En 1815, je fus admis à l'audience de l'empereur
d'Autriche, à Paris. Ce prince me demanda pourquoi
Napoléon avait donné ordre à tous les fonctionnaires des
pays conquis de se retirer? Sur ma réponse, telle qu'on
la lit ici, il témoigna une grande surprise, et me dit :
Il est bien étonnant qu'il ait pu avoir une pareille
pensée.

drapeaux. Le mépris de l'adversaire est une chose
d'un grand danger : ce sentiment a dominé parmi
l'émigration. Une noblesse militaire est naturellement portée à croire que rien n'est au-dessus
de son courage : ce sentiment est le principe des
grandes actions ; mais pour qu'il ne devienne pas
funeste, il faut qu'il soit réglé sur l'état des temps
et des circonstances. D'ailleurs, le courage et l'esprit sont trop communs dans la famille française,
pour que quelques-uns s'attribuent une part exclusive, ou exorbitante dans l'héritage commun.

Il faut appliquer les mêmes règles de jugement
à deux choses dont on trouve une mention fré-
quente dans l'histoire de ce temps, et dans les
conjectures auxquelles il a prêté. 1°. Il a été
souvent question de fuites et d'enlèvemens à l'é-
gard de Louis XVI ; 2°. on a beaucoup dit que
la place des émigrés n'était pas au-delà du Rhin,
mais autour du Roi. Ceci a besoin d'explications :
elles doivent porter sur l'état du temps; c'est lui
qui décide dans cette question.

Il s'était établi, dès le commencement de la
Constituante, une opinion qui a duré long-temps,
celle d'éloigner le Roi de l'Assemblée, comme
moyen de lui rendre du pouvoir. Il semble que
cette opinion était fondée sur une idée bien irré-
fléchie, celle que l'autorité agit par elle-même,

indépendamment des moyens qui la font valoir.
Suivons les faits. Après le 14 juillet 1789, on
délibéra de faire retirer le Roi à Metz (1). Qu'aurait-il fait dans cette ville ? Quelle armée avait-il ?
quel trésor, quels ministres ? Sans cela, que faire ?
Tout pouvoir était passé du côté de l'Assemblée.
Au 6 octobre, nouveau projet d'éloignement (2) ;
mais où aller avec six cents gardes-du-corps et

---

(1) *Mémoires de Mad. Campan,* pag. 52, 53, vol. 3.

« Le 16 juillet 1789, *la Reine m'annonça que l'armée partait sans le Roi, et que tous ceux qui couraient
un danger imminent, devaient partir en même temps ;
que le Roi n'avait pas choisi ce parti, que les débats
avaient été longs, et que le Roi les avait terminés en
se levant et en disant : Enfin, messieurs, il faut se décider; dois-je partir ou rester? je suis prêt à l'un comme
à l'autre.*

(2) Voyez le mémoire de M. de Saint-Priest, ministre
de Louis XVI, sur le plan de retraite de Versailles à
Rambouillet, le 5 octobre. Il ressemble au plan défensif
du maréchal de Broglie, le 14 juillet, que l'on trouve
dans les mémoires de Bésenval. Il est démontré, par leur
seule lecture, que le maréchal et le ministre, pas plus
l'un que l'autre, ne se doutaient ni du temps ni du pays
dans lesquels ils se trouvaient. Donner pour escorte et
pour défense au Roi, des troupes qui venaient de manquer, et calculer sur les bourgeois de Chartres et de
Rambouillet, ah! c'est aussi trop fort. Malheureusement

un régiment suisse? les troupes appelées à Versailles s'étaient insurgées. Le Roi ne se faisait pas
suivre par le trésor public ; qu'aurait-il pu faire?
Il m'est démontré que l'éloignement du Roi aurait
servi à merveille les projets des auteurs du 6 octobre, qu'il ne faut pas confondre avec l'Assemblée,
car ils n'avaient rien de commun avec elle.

Pendant son séjour à Paris, Louis X I fût
obsédé de plans d'enlèvemens et d'évasions (1);
plût au Ciel qu'il eût toujours résisté, comme il
l'avait fait à ceux qui précédèrent le fatal voyage

---

avant et pendant la révolution, le pouvoir a toujours été
remis dans des mains aussi malhabiles. C'est là ce qui
perd les empires et amène les révolutions.

(1) *Mémoires de Mad. Campan.*

Projet d'enlèvement par M. le comte d'Inisdal, député
par la noblesse, qui était alors à Paris; pag. 104, vol. 3.
Le récit finit ainsi : *Vous entendez bien ,* dit la Reine, *le
Roi ne peut consentir à ce qu'on l'enlève.* M. le comte
d'Inisdal se retira fort mécontent de la réponse du Roi ,
en disant : *J'entends , il veut d'avance jeter le blâme sur
ceux qui se dévoueront.*

Pag. 115, vol. 3. — *A cette époque, 1790, pendant l'été,
on présenta de nouveaux projets d'évasion, rien n'était
plus facile alors que de les exécuter. La Reine me com-
muniqua le plan d'un projet de départ.* Suit le récit. On
trouve dans ces mémoires le détail des préparatifs or-

de Varennes. C'est en voyant la population sou-
levée sur son passage, que le Roi put, mais trop
tard, reconnaître la disposition générale des esprits, et qu'il resta dégoûté pour jamais de recourir à cette mesure. C'est là encore que l'on
put reconnaître le fond qu'on pouvait faire sur
les troupes. MM. de Choiseul et de Damas avaient
mis un soin extrême à préserver leurs regimens
de la contagion générale dans l'armée. Ces deux
corps furent destinés à protéger le passage du Roi ;
au premier cri du peuple, les soldats baissent
leurs armes ; à Varennes, tout ce que la mater-
nité, le malheur et la majesté peuvent faire valoir de touchant ou d'imposant, ne put ébranler
un *maire* de petite ville. L'arrestation est l'ouvrage d'un *maître de poste* et d'un *commis*, gens
qui n'avaient aucun intérêt personnel à la chose,
et dont on peut même dire que l'intérêt était
contraire. Les Mémoires de M. le duc de Choiseul
apprennent que, le passage des voitures n'étant
pas même soupçonné, cependant une inquiétude
générale régnait sur toute la route, et que le moindre mouvement excitait une inquiétude chagrine.

---

donnés long-temps auparavant le voyage de Varennes, et
qui prouvent que la pensée de s'éloigner de Paris, a toujours dominé.

Tel était l'état de la France; on l'avait vu au départ
de Mesdames. Il ne s'agit pas de savoir si cet état
était à tort ou bien à raison, mais s'il était tel, et s'il
n'opposait pas des obstacles insurmontables au
succès d'une évasion. Ainsi, il est très probable
que le Roi, arrivé à Montmédy, n'en eût pas été
plus avancé. Pour le croire, il faut se rappeler
l'état de Paris lors de cet évènement. Quel silence terrible et effrayant fut celui de cette cité!
c'était celui qui précède les ouragans ou les érup-
tions des volcans. Quelle explosion à la nouvelle
de l'arrestation! Jamais le monde n'a rien vu de
pareil! Qu'il était imposant et significatif ce
calme avec lequel l'Assemblée procéda dans cette
grave occurrence! Déjà l'Assemblée avait pris ses
mesures, et ne craignait pas la guerre. Qu'aurait
fait le Roi avec une poignée de soldats? et ceux-
ci étaient-ils bien sûrs? Toute la force était du
côté de l'Assemblée. Il est même probable que,
dès ce temps, la république eût été proclamée (1).
Le parti constitutionnel, auquel le retour de Va-

(1) Une heure auparavant l'arrivée de Drouet, M. Di-
nochau, député de Blois, me dit : « Nous avons déjà trente-
deux départemens et six mille municipalités pour la république; Paris seul aurait fourni 50,000 hommes prêts à
marcher. »

vement : c'est en vain qu'on s'est prévalu de l'exemple de la Vendée. Tout est faux dans ce jugement ; cette insurrection est de 1793 ; elle est d'une nature toute particulière, et son théâtre ne ressemble à aucun autre : hommes et choses, en elle tout diffère avec le reste de la France. Mais ce qui confirme ce jugement, c'est ce qui est arrivé à Toulon et à Lyon. A quoi ont servi ces deux insurrections ? Qui a assiégé Lyon ? les volontaires des départemens voisins. Dans quel temps ? à l'époque la plus hideuse de la révolution, à la voix des Marat, des Robespierre. Que n'eût-il pas été fait à la voix de la Constituante ? On peut en juger par l'enthousiasme que fit éclater la fédération de 1790 : à cette époque, le Roi reçut, de la part des troupes et des députations des départemens, des hommages qui pouvaient lui faire croire qu'il était revenu au temps du voyage de Cherbourg. Alors, des hommes qui se regardaient comme de profonds politiques, conseillaient de profiter de ces dispositions pour tomber sur l'Assemblée, et faire la *contre-révolution,* but inaltérable de leurs pensées. En mettant à part l'immoralité de l'acte en lui-même, comment ne pas voir que cet enthousiasme sé partageait entre le Roi et l'Assemblée, et que proposer de servir l'un contre l'autre, lóin de le servir, était lui nuire, et s'exposer soi-même (1). Elle ne manquait ni de fondement, ni d'éloquence ; la lettre que

---

(1) Je ne puis me refuser au plaisir de rapporter ici le morceau suivant, tiré des mémoires de Ferrières, vol. 2, pag. 95. Il peint à merveille l'état des choses, et fait beaucoup d'honneur au caractère de Louis XVI.

« L'enthousiasme et les fêtes ne se bornèrent pas au jour de la Fédération. Ce fut, pendant le séjour des fédérés à Paris, une suite continuelle de repas, de danses et de joie. On alla encore au Champ-de-Mars; on y but, on y chanta, on y dansa. M. de Lafayette passa en revue une partie de la garde nationale des départemens et de l'armée de ligne. Le Roi, la Reine et Mgr. le Dauphin, se trouvèrent à cette revue; ils y furent accueillis avec acclamations. La Reine donna, d'un air gracieux, sa main à baiser aux fédérés, leur montra Mgr. le Dauphin. Les fédérés, avant de quitter la capitale, allèrent rendre leurs hommages au Roi; tous lui témoignèrent le plus profond respect, le plus entier dévouement. Le chef des Bretons mit un genou en terre, et présentant son épée à Louis XVI « Sire, je vous remets pure et sacrée l'épée des fidèles Bretons, elle ne se teindra que du sang de vos ennemis. »
« Cette épée ne peut être en de meilleures mains que dans les mains de mes chers Bretons, répondit Louis XVI en relevant le chef des Bretons, et lui rendant son épée; je n'ai jamais douté de leur tendresse et de leur fidélité; assurez-les que je suis le père, le frère, l'ami de tous les Français. » Le Roi, vivement ému, serre la main du chef des Bretons et l'embrasse; un attendrissement mutuel

Ire Partie.   15

l'abbé Raynal adressa à l'Assemblée : eh bien ,
quel effet produisit-elle dans le public? Il en
était de même pour tout le reste. Alors, la nation appartenait tout entière à la révolution ,
comme mobile du changement qui s'opérait au
milieu d'elle, auquel elle attachait l'idée de
son bonheur. Les remontrances , les oppositions
étaient également inutiles et sans vertu. Ceux qui
excipaient des mécontentemens, qui s'appuyaient
sur eux, qui les représentaient comme l'expression de l'opinion publique, étaient dans l'erreur,
en disant : *Tout le monde pense, tout le monde
dit, tout le monde veut, ils disaient virtuelle-*

---

prolonge quelques instans cette scène touchante. Le chef
des Brétons reprend le premier la parole : « Sire , tous
les Français, si j'en juge par nos cœurs, vous chérissent
et vous chériront, *parce que vous êtes un Roi citoyen.* »

Le marquis de Ferrières ajoute, pag. 99 : « Les aristocrates comptant trop légèrement sur les marques d'attachement que les fédérés avaient données au Roi, crurent la contre-révolution faite. Ils ne virent pas que ces
témoignages flatteurs s'adressaient à la personne de
Louis XVI, et non pas à l'ancien ordre de choses; que
tous les Français, en voulant un roi, voulaient aussi la
constitution. »

C'est l'oubli de cette distinction qui a abusé l'émigration.

ment ceci : *Nous et les nôtres disons , pensons ,
voulons* (1). Tout le reste était en dehors de leurs
opinions. Quand les officiers quittaient les corps,
ils disaient *tout le régiment.* En 1791, M. de Ca-
zalès disait aussi qu'il disposait de quarante régimens, c'était *de quarante capitaines.* A quelques
jours de là, cet homme si puissant sortit tout seul,
et rentra de même.

En supposant à l'émigration un succès militaire aussi complet qu'elle se le figurait, qu'aurait-elle fait ? Comment aurait-elle cimenté son ouvrage ? Quel eût été son succès civil ? Elle tendait
évidemment au rétablissement de l'ancien régime;
mais c'était ce dont la nation entière ne voulait
plus : l'opposition recommençait donc dans le

---

(1) *Mémoires de Mad. Campan,* vol. 3, pag. 118, 119.

*Quelle étonnante réunion que celle de 400,000 hommes,
dont il n'y en avait peut-être pas 200 qui ne crussent
que le Roi trouvait son bonheur et sa gloire dans l'ordre
de choses qui s'établissait! Si j'en juge par ceux que j'ai
eu occasion de voir, il était totalement impossible de
les éclairer et de les faire sortir de leur enchantement.
Ils aimaient autant le Roi que la constitution, et la
constitution autant que le Roi! on ne pouvait plus séparer l'un de l'autre, dans leur esprit et dans leur cœur.*
Voilà tout le secret de la France à cette époque, et ce que
l'émigration n'a pas voulu voir.

moment. L'émigration tendait aussi à la réinté-
gration des propriétés détruites par la révolution ;
tous les intérêts matériels de la France étaient donc
compromis. Par quels hommes faisait-elle diriger
son système et son pouvoir ? Hélas ! ils étaient tou-
usés ; depuis vingt ans on cherchait un homme, et
on ne l'avait pas trouvé. De quel crédit disposait
l'émigration ? où étaient ses trésors ? Elle se trouvait vis-à-vis des embarras les plus graves et les
plus nombreux ; le plus difficile n'était pas de
renverser, mais de rétablir : écueil ordinaire ; la
force suffit pour l'un, le génie suffit à peine pour
l'autre. Que l'on se garde bien de juger la France
de 1790 par la France de 1814 ; un monde entier a passé entre ces deux époques ; il y avait
surabondance de sève à la première, il y en a eu
dessèchement dans la seconde. Quand la nue se
charge d'orage, la foudre gronde tant que la
matière qui la forme n'est pas épuisée. Il en a
été de même de la révolution ; cet orage, formé
pendant trois cents ans, des vapeurs émanées
d'un corps aussi vaste que la France, a dû sa
force et sa durée à l'abondance des élémens qui
l'avaient grossi. S'attaquer à lui dans ces temps
d'incandescence, c'était s'attaquer à la foudre elle-
même : semblable à la rémission de la fièvre, qui
arrive par l'épuisement des causes qui la produi-

sent, celle de la révolution s'est calmée par l'é-
puisement successif des principes qui l'avaient al-
lumée : l'émigration l'a bravé au moment de sa
plus grande intensité. En plaçant ainsi le moment de son attaque, elle s'était interdit d'avance
tout espoir de succès, et s'était préparé le sort
qu'elle a éprouvé. C'est ce qui arrive à presque
tous les hommes, chez lesquels, en général, on
trouve plus de facilité à agir qu'à réfléchir, et qui,
jaloux des succès du temps, sont plus près de
le devancer, que de le consulter lui-même.

CHAPITRE XXXIV.

Part de l'émigration dans les excès de la révo-
lution.

Rejetons comme des fables criminelles et ab-
surdes, les bruits et les imputations qui, sous
mille formes diverses, ont été répandus au sein
de la nation française sur la part intéressée que
l'émigration prenait aux excès de la révolution,
comme les moyens de la décrier, et de la perdre
en la chargeant de l'horreur publique. L'art d'im-
puter aux autres ce que l'on fait soi-même, est

celui des factions et des partis, plus occupés en
général de leurs succès, que des intérêts de la
morale. Cet art funeste a été cultivé avec suite
depuis trente ans, depuis qu'on commença à dire
que les aristocrates faisaient brûler leurs châteaux pour calomnier la révolution, et que l'on
demanda de juger dans le sens de la révolution.
On a vu où conduisent ces *prévarications* re-
commandées contre la vérité et la justice, et
combien les mauvaises maximes sont flexibles et
retombent facilement sur ceux qui les lancent
dans le monde; chacun s'en fait des armes à son
tour. Éloignons donc toute idée de participation
directe de la part de l'émigration aux excès de la
révolution, et bornons-nous à examiner si elle
n'y a pas contribué indirectement, 1° par ses
attaques armées; 2° par ses attaques à l'intérieur;
3° par l'esprit d'exagération dont elle s'est con-
stamment montrée animée.

1°. Tout gouvernement, menacé, attaqué par
les armes, par les complots, par une partie de
la population, surtout lorsqu'elle est riche, accréditée dans le pays, et liée d'intérêts et de
pensées avec beaucoup de personnes, tout gouvernement placé dans ces circonstances, est porté
naturellement à se resserrer. Alors les garanties
ordinaires de la liberté sont suspendues; la loi

martiale est proclamée, elle devient presque la loi unique, et le gouvernement, invoquant la grande loi du salut public, met son soin principal à se conserver, comme moyen de conservation pour le peuple lui-même. C'est ainsi qu'on en a usé en Angleterre, surtout lorsque *les prétendans* se sont présentés ; c'est ainsi qu'elle en use encore à l'égard de l'Irlande. L'apparition de l'émigration armée n'a pu manquer de produire le même effet sur les gouvernemens qui se sont succédé en France ; elle proclamait hautement le dessein de les détruire, et les menaçait de grandes peines ; ils répondaient à chaque attaque par une aggravation de sévices. Suivons les faits, car ici il ne s'agit que de fixer un point historique : la grande émigration s'est formée contre l'Assemblée constituante ; celle-ci n'a pas usé contre elle du pouvoir immense dont elle jouissait. Après quelques menaces, elle les a laissé tomber. Nous en avons présenté le tableau. Les mesures violentes n'ont commencé que sous l'Assemblée législative. Alors il semblait qu'il y avait entre elle et l'émigration une lutte de rigueurs. L'émigration s'arme, les biens sont séquestrés ; le duc de Brunswick publie son manifeste, les biens sont confisqués, on entre à main armée, le 10 août a lieu. Pou-

vait-on attendre autre chose des hommes sans
frein qui alors s'étaient emparés du pouvoir ? L'affreux 2 septembre n'a-t-il pas trop appris qu'il
n'était pas de moyens qu'ils refusassent au soin
de détourner de leurs têtes la foudre vengeresse
de leurs longs forfaits, et qu'ils étaient prêts à
rendre à leurs ennemis tout le mal qu'ils pouvaient en craindre ? N'est-ce pas ainsi qu'ils ont
procédé pendant beaucoup d'années ?

2°. Aux attaques armées l'émigration a joint
beaucoup d'excitations dans l'intérieur, contre les
gouvernemens du temps ; elle a combiné son
action avec les agens anglais ; le nom anglais
était un puissant moyen de remuer les esprits en
France. Les émigrés agissaient avec les Drake,
les Spencer Smith, les Wikham, en Allemagne,
en Suisse, en Italie. De son côté, le gouvernement ne cessait pas d'animer le peuple contre
les émigrés, par le tableau de ces manœuvres,
et s'en servait pour pallier l'odieux de ses décrets
contre eux.

3°. Je me serais fait la loi d'un silence absolu
sur l'article qui va suivre, si les révélations de
M. d'Ecquevilly, de Mme Campan et du marquis
de Ferrières ne m'en eussent affranchi, ou plutôt
n'eussent rendu cette réserve bien vaine ; car,
qu'apprendre de nouveau sur ce sujet, après ce

qu'ont publié ces écrivains ? Je m'abstiendrai donc
de retracer le tableau de l'exagération qu'a montrée l'émigration; son inflexibilité a été un des phé-
nomènes, comme un des grands malheurs de ce
temps. Tout parti faible est porté à attendre sou
retour au pouvoir des fautes et des excès de son
adversaire ; l'émigration a abondé dans ce sens :
le remède ne peut venir que de l'excès du mal (1).
Tel était son principal axiome politique. Par elle,
la France a été remplie de lettres comminatoires :
les hommes rebutés par l'émigration, et ils ont
été en grand nombre, chargeaient leurs récits
de tout ce qui pouvait les aggraver, les faire
valoir eux-mêmes, ou leur servir d'excuse ; ils
combattirent avec fureur, pour éviter de tomber
dans les mains qui les avaient repoussés. Quand
l'émigration se mit à se proclamer seule fidèle à
Dieu et au Roi, à traiter les autres de malpen-
sans, de masse de corruption, de rebelles, que
d'auxiliaires elle donnait à ses ennemis ! *Quel
sentiment éclata en 1814, lorsqu'on entendit un
ministre parler de ceux qui avaient toujours
marché dans la voie droite ?* Les gouvernemens
français ne manquaient pas d'espions, soit vo-

_____

(1) *Voyez* l'ouvrage de madame de Staël, vol. II, au
chapitre de *l'Émigration.*

lontaires, soit soldés. L'émigration devait le savoir : *Barrère avait ses raisons pour dire, Il y a de l'écho en Europe.* Cela signifiait seulement : *L'Europe est pleine de nos espions.* Cette considération devait suffire pour engager à quelque retenue, à quelque discrétion. A-t-on jamais pu l'obtenir ? et la plus légère représentation n'exposait-elle pas à des suspicions ? C'était un spectacle vraiment affligeant que celui que présentaient des hommes désarmés, ne possédant pas un pouce de terrain, et ne parlant que de supplices contre des hommes servis par un million de bras, qui faisaient reculer l'Europe, et qui tenaient sous leur main cruelle les gages les plus précieux. Cette exagération soutenue n'a pu manquer de produire une exagération contraire. Ce qui se passait en France était affreux ; mais, ne pouvant l'empêcher, la prudence n'ordonnait-elle pas de ne se permettre rien de ce qui pouvait l'aggraver.

On lit dans les Mémoires d'Ecquevilly, tome I⁰ᵉ, page 130 : *Les hussards de Salm, et de la légion de Mirabeau, du corps de Condé, chargèrent les républicains avec vigueur, en tuèrent quatre cents, en firent quelques-uns prisonniers, et les attelèrent aux deux pièces de canon dont ils s'étaient emparés.*

Page 197 : *Les principaux membres de la mu-*
nicipalité de Weyssembourg, ainsi que les chefs
du club, s'étaient sauvés avec l'armée; mais vingt-
cinq clubistes ayant été désignés au comte de
Wurmser, il les fit arrêter sur-le-champ, con-
damner à balayer la ville, affublés d'un bonnet
rouge, et stimulés au travail par force coups de
bâtons, que des caporaux étaient chargés de leur
administrer. Quel langage! pas une réflexion de
la part de l'auteur : je vais y suppléer.

. Ainsi, voilà des hommes qui attèlent leurs prisonniers à des canons; voilà un général étranger
qui, n'ayant d'action légale que contre l'ennemi
armé, prononce des sentences criminelles contre
des hommes non jugés, non sujets à sa juridiction, et qui leur fait infliger les plus durs traitemens, sans jugement légal! Quand ces faits
étaient rapportés en France, quelle sensation
ne devaient-ils pas y faire, et quelle force ne
donnaient-ils pas au Gouvernement! Il paraît
qu'à cette époque, la France et tout ce qui
ne se montrait pas contre la révolution, était
mis comme *hors la loi*, et qu'on se croyait tout
permis contre eux au nom de la haine de la révolution. On dirait que le nom de révolutionnaire
et de libéral était une dispense *du droit* à l'égard

de ceux que l'on trouvait bon de charger de cette dénomination.

La raison ordonne de vouloir le contraire de ce que veut l'ennemi. Par une fatalité bien déplorable, il s'est trouvé que l'émigration et la classe qui l'a composée, a voulu la même chose que ses plus ardens ennemis, dans trois circonstances décisives de la révolution; elles sont, 1° la constitution en chambre unique; 2° le décret de non-réélection des membres de l'Assemblée constituante; 3° la déclaration de guerre faite le 20 avril. Dans les deux premières occasions, le côté droit vota avec les hommes les plus exaltés du côté gauche; la continuation de la paix avec l'Autriche, était ce que redoutait l'émigration; elle s'était mise dans une position à ne pouvoir pas désirer autre chose que la guerre; aussi en accueillit-elle avec transport la déclaration. Les hommes prévoyans qui regardaient ces actes comme la boîte à Pandore, d'où devaient sortir tous les maux, étaient traités comme de faux frères. Tel est l'effet de l'esprit de parti. C'est avec raison qu'on a dit qu'il est plus aisé de vivre avec les ennemis de son parti qu'avec lui-même : tout parti est absolu, et met sa gloire à l'être.

CHAPITRE XXXV.

L'émigration a-t-elle été autorisée par le Roi?

Il y a ici deux questions : 1° de droit public ;
2° de fait.

1°. Le prince peut-il autoriser une classe, une
portion des citoyens, à sortir du territoire, et
à s'armer pour y rentrer et pour agir dans l'ordre
politique du pays? Dans quel cas cette autorisation peut-elle être donnée? Ce cas se présen-
tait-il en 1790 et 1791? Autoriser une émigration armée, est envahir le territoire étranger, le
compromettre, et étendre sa juridiction au-delà
de sa frontière propre. Les étrangers peuvent-ils
accueillir une émigration destinée à agir sur un
pays avec lequel ils sont en paix? Le Prince peut-
il confier des places et des troupes dans une intention secrète, contraire à leur destination apparente
et publique, comme au but que la nation se propose
par le paiement de l'impôt qui pourvoit à leur entretien? car, en sociabilité, c'est toujours à l'impôt
qu'il faut revenir, et à la justice, qui veut que
l'argent ne puisse être employé que dans le sens
où il est donné. Voilà bien des questions qui

de 1791 à 1792, tous les actes législatifs de Louis XVI furent en opposition avec l'émigration; et l'entretien de ce prince avec M. Bertrand de Molleville, montre que son système était entièrement opposé à celui de l'émigration. Observez que M. Bertrand n'était pas, auprès de Louis XVI, un ministre de parade, mais un ministre réel, un serviteur fidèle, regardé comme tel, et devant lequel la pensée se développait avec liberté et sincérité. Alors le plan de Louis XVI était de tenir à l'accomplissement de la constitution, et de faire ressortir ses défauts par l'exposition de la difficulté de son exécution; il ne s'agit pas du mérite du plan, mais de la réalité de son existence (1).

---

fit la lecture de cette réponse. A chaque phrase, des voix s'élevaient et criaient : Cela a été fait ici, et autres choses de ce genre. C'est ainsi qu'à la lecture de la lettre de l'abbé Raynal, dès les premières phrases, le côté gauche de l'Assemblée s'écria : C'est M. Malouet qui a fait cela. Il y avait du vrai dans cette réclamation, car la lettre avait été résolue et convenue pour les points principaux dans une réunion chez M. Malouet ; elle fut révisée et définitivement rédigée de la même manière.

(1) *Mémoires de M. Bertrand de Morleville.*

« Après quelques observations générales sur la difficulté des circonstances, le Roi me dit : Eh bien! vous reste-t-il

En se renfermant dans les bornes prescrites par
le respect, on reste donc convaincu que, dès 1790,

---

encore quelque objection ? — Non, Sire, le désir d'obéir
et de plaire à Votre Majesté est le seul sentiment que
j'éprouve.; mais, pour savoir si je peux la servir utilement, il serait nécessaire qu'elle eût la bonté de me faire
connaître quel est son plan relativement à la Constitution, et quelle est la conduite qu'elle désire que tiennent
ses ministres. — C'est juste, répondit le Roi; voici ce que
je pense : Je ne regarde pas cette Constitution comme un
chef-d'œuvre, à beaucoup près; je crois qu'il y a de très
grands défauts, et que, si j'avais eu la liberté d'y faire des
observations, on y aurait fait des réformes avantageuses:
Mais aujourd'hui il n'est plus temps; je l'ai jurée telle
qu'elle est; je veux et je dois être strictement fidèle à mon
serment, d'autant plus que je crois que l'exécution la plus
exacte de la Constitution est le moyen le plus sûr de faire
connaître à la nation et de lui faire aperçevoir les changemens qu'il convient d'y faire. Je n'ai ni ne puis avoir
d'autre plan que celui-là; je ne m'en écarterai certainement pas, et je désire que mes ministres s'y conforment.
— Ce plan me paraît infiniment sage, Sire; je me sens en
état de le remplir, et j'en prends l'engagement. Mais me
serait-il permis de demander au Roi, si l'opinion de la
Reine, sur ce point, est conforme à la sienne? — Oui
certainement; elle vous le dira elle-même. — Un moment
après, je descendis chez la Reine, qui, après m'avoir
témoigné avec une extrême bonté combien elle partageait l'obligation que le Roi m'avait d'accepter le mi-

il existait quelque dissentiment entre les Tuileries
et le *dehors,* et qu'à Paris il avait été formé un
plan pour contrebalancer l'influence de l'émigration par celle de la cour de Vienne. Il est certain que des correspondances actives ont eu lieu,
dans le cours de la révolution, entre les cours
étrangères et la cour de France (1). Il nous est
interdit de chercher à les pénétrer. Ce que l'on
peut conjecturer, c'est que Louis XVI a changé
de système suivant les circonstances; qu'il a at-
tendu du temps, qu'il a compté sur l'intérieur
pendant long-temps; qu'après l'acceptation de la
constitution, il a voulu faire un nouvel essai, et

---

nistère dans des circonstances aussi difficiles, ajouta ces
mots : — Le Roi vous a fait connaître ses intentions relativement à la Constitution; ne pensez-vous pas que le
seul plan à suivre est d'être fidèle à son serment? — Oui
certainement, madame. — Eh bien, soyez sûr qu'on ne
nous fera pas changer. Allons, allons, M. Bertrand, du
courage, j'espère qu'avec de la patience, de la fermeté et
de la suite, tout n'est pas encore perdu. »

(1) *Mémoires de Mad. Campan.*

« *Tout espoir était perdu, on ne pensait plus qu'aux
secours étrangers : la Reine implorait sa famille et les
frères du Roi. Ses lettres devenaient probablement plus
pressantes, et exprimaient ses craintes sur la lenteur des
secours.* »

que, poussé à bout par l'Assemblée législative, dominée par la faction de la Commune de Paris, il a invoqué les étrangers et l'émigration, qu'il avait retenue jusque-là. Les récits de Mme Campan autorisent à le croire ; ils sont formels ; mais ce rapprochement avec l'émigration est étranger à la question qui nous occupe, car il est postérieur de plus d'une année à la grande émigration, celle que l'on veut faire passer pour autorisée par Louis XVI (1). Les paroles que ce Prince adressa à M. le duc de Choiseul avant le départ de Va-

(1) Pour bien connaître la marche qui se suivait alors, il faut consulter le vol. 3 de Ferrières, p. 36 et 37.

« Les ministres ne mettaient aucune bonne foi dans leur conduite avec l'Assemblée, tous cherchaient à rejeter sur elle l'embarras des chocs et des frottemens qu'éprouvait la Constitution, espérant rebuter l'Assemblée par les détails, s'imaginant qu'elle négligerait cette surveillance minutieuse qui, dans une forme de gouvernement nouvelle et sujette à une foule de contradictions, est le seul moyen de prévenir les résistances. Ainsi, par une politique adroite au premier aperçu, mais qui devint funeste à ses auteurs, les ministres laissaient tout désorganiser, et accusaient ensuite de cette désorganisation la Constitution elle-même, assurant qu'elle ne fournissait aucun moyen d'exécution de ses propres lois.

» Le point essentiel était de tenir les forces de terre et de mer dans un état de délabrement, en paraissant néan-

16..

rennes, celles de la Reine à M. de l'Escure, qui lui avait fait demander l'autorisation d'émigrer, prouvent clairement la manière de penser de l'un et de l'autre sur le système politique de l'émigration.

Il est commun d'entendre parler parmi l'émigration, d'intentions et d'ordres secrets contradictoires avec les ordres publics, dont elle dit qu'il ne faut pas tenir compte. La mémoire de Louis XVI doit nous être sacrée. Quelle mémoire fut jamais plus consacrée par le malheur? Ceux

———————————————

moins s'occuper avec beaucoup d'activité de les mettre sur un pied respectable, afin que si, d'après les mouvemens de l'intérieur, l'occasion se présentait d'entrer en France, les puissances étrangères s'offrissent tout-à-coup sous l'appareil le plus formidable, et inspirassent une telle terreur, que le peuple épouvanté se remît volontairement entre les mains du Roi, et le conjurât de dissiper l'orage prêt à fondre sur lui. C'était à quoi travaillaient le ministre de la guerre et le ministre de la marine. Ainsi, tandis que le ministre *Tarbé* exagérait le désordre des finances, et se plaignait à l'Assemblée de la non-perception des impôts, le ministre *Duportail* rendait le compte le plus satisfaisant des armées, des approvisionnemens, de l'état de défense où étaient les places frontières.

» Les constitutionnels et les girondins démêlèrent aisément ces manœuvres coupables, et se réunirent un moment pour les déjouer. »

qui parlent ainsi, n'ont pas assez réfléchi aux intérêts de sa gloire. Lorsque Louis XVI se disait libre, il l'était réellement, s'il était sincère; et s'il n'était pas libre, il n'était pas sincère. Ce dilemme doit porter à se refuser à toute allégation puisée dans le défaut supposé de liberté de la part de Louis XVI. Ce devoir est plus particulièrement celui des hommes qui parlent de leur dévouement pour lui. L'honneur du Prince est aussi sacré que sa personne; on ne peut pas séparer l'un de l'autre; et ceux qui se déclarent à grand bruit les serviteurs de sa personne, doivent également l'être de son honneur : surtout il leur est interdit de chercher des excuses aux dépens de cet honneur. Les actes publics sont les seuls actes dignes de foi, et qui ont une valeur légale : si l'on argumente d'ordres secrets, on répondra par des rétractations secrètes, et par des actes publics qui équivalent bien à des rétractations de cette espèce; tout sera confondu et livré à l'arbitraire de chaque intéressé. Tout commande donc de s'en tenir uniquement aux actes publics et aux faits historiques bien constatés; et ces deux preuves s'accordent pour démontrer que l'émigration systématique de 1790 et 1791, la seule qui nous occupe et qui donne lieu à cette discussion, n'a pas été autorisée par le Roi.

CHAPITRE XXXVI.

Devoirs de la France envers l'émigration.

Le désir de porter la plus grande clarté dans une question d'un si grand intérêt pour la France, m'inspire ce qui va suivre. Il ne s'agit pas de charger un tableau qui n'est déjà que trop rembruni, de faire ressortir des inconvéniens et des imprudences trop palpables; loin de là, l'esprit de justice me guide seul, et me fait rechercher tout ce qui peut être à la charge et à la décharge des deux parties. De quoi s'agit-il? D'une demande d'indemnité pour dommages éprouvés. Pour qu'il y ait dommage imputable et capable de produire l'effet d'une indemnité, il faut qu'il y ait eu *lésion de droit;* le *droit* seul crée des *devoirs* dont la transgression donne ouverture à réparations, ou indemnités ; suivant la nature du dommage. Ces notions sont puisées dans les sains principes de la justice et de la raison, ces deux sœurs qui vont toujours de compagnie. Il faut donc rechercher quels devoirs la France peut avoir transgressés à l'égard de l'émigration, pour être sujette à une réparation

payable par une immense contribution. Pour fixer
ce devoir, il est bon de retracer ce qui s'est passé
entre la France et l'émigration.

Trois cents ans changent la face de l'Europe et
de l'humanité; la France fait partie de l'une et
de l'autre! Cent ans de désordres ont lieu dans
le Gouvernement français; il recule à mesure que
les lumières avancent parmi les gouvernés; par là,
une distance immense se trouve établie entre ce
qui mène et ce qui est mené; à la longue ce sentiment devient insupportable. Une discorde plus
que séculaire se renouvelle entre le Prince et les
corps investis du droit de concourir à la législation. En 1770 et 1787, l'autorité supprime ces
corps qui la gênaient, et établit légalement le
pouvoir absolu : en 1774 et en 1787, elle est
forcée de renoncer à ces entreprises; le prince et
ces corps se déclarent réciproquement incompé-
tens en matière d'impôt, et l'attribuent à la nation seule. Les derniers demandent les États-Généraux; la France y répond par ses acclamations.
Cent ans de désordre dans les finances, de grands
scandales de mœurs, des scènes fâcheuses pour
l'autorité, ont eu lieu : c'est sous ces menaçans
augures que se forment les États-Généraux. Depuis quand ont-ils eu lieu en France? depuis
175 ans. Qu'y a-t-il de certain à leur égard?

En 1788, le Prince l'a demandé à la nation. Quels souvenirs ceux qui ont eu lieu, ont-ils laissés ? L'histoire l'apprend ! De quelle époque date leur forme réclamée ? de 1303, après neuf cents ans de monarchie déjà écoulés. L'État, le nombre, l'esprit de la nation sur laquelle ont agi les anciennes institutions, sont-ils les mêmes ? Comme la France de Philippe-le-Bel est à la France de Louis XVI. Ces institutions étaient-elles basées sur des principes sociaux, ou sur les idées du temps qui les avait vues naître ? Dans cet état de choses, qu'est-il arrivé ? La France a demandé une constitution capable de remédier enfin à tous ces maux. Une petite partie de l'association a réclamé l'ancien ordre ; trop faible pour le faire prévaloir par elle-même dans l'intérieur, elle est sortie de l'État, elle s'est armée, elle a appelé l'étranger. La France a opposé armement à armement ; elle a rappelé les dissidens ; elle les a menacés de les punir par la perte de leurs propriétés, elle leur a donné des délais, elle a déclaré que les frais de la guerre seraient compensés par les prix des biens ; la guerre a lieu, les dissidens ont été vaincus, ils ont perdu leurs biens. De tout ceci, que conclure ?

La France avait-elle le droit de vouloir un changement dans l'ordre qui la régissait ? Était-elle passible de la guerre pour expier le crime de ce vœu ? Les émigrés avaient-ils le droit de faire la guerre pour le maintien de l'ordre dont la France ne voulait plus ? Si les émigrés pouvaient vouloir l'ordre ancien, la France ne pouvait-elle pas vouloir l'ordre nouveau ? Si les émigrés pouvaient s'armer pour cet ordre, dont le maintien leur était utile, la France n'avait-elle pas le droit de maintenir, par les armes, celui qu'elle avait aussi choisi dans ses intérêts ? Si les émigrés avaient le droit d'aller chercher l'étranger, de céder dès portions du territoire, la France avait-elle celui de repousser ces étrangers, et de défendre son territoire ? Qui servait le mieux la France dans son honneur et dans ses intérêts, de ceux qui repoussaient l'étranger et qui gardaient le sol de la patrie, ou de ceux qui le cédaient ? Si les émigrés ont eu le droit de reprendre par les *armes* leurs prérogatives honorifiques et utiles, la France a-t-elle eu le droit de maintenir par la même voie l'abolition de ce qui la blessait ? Un intérêt égal ne créait-il pas un droit égal ? S'il y avait des désordres en France, les émigrés étaient-ils chargés de leur répression par la voie des armes, et d'amener les étrangers pour les apaiser ? Si ces désordres menaçaient les étrangers, les émigrés étaient-ils chargés de leurs intérêts, et de les introduire en France ? La France a-t-elle provoqué l'émigra-

et quoi qu'on fasse, on ne persuadera jamais à un seul Français, au plus ignorant comme au plus savant, qu'il ait manqué à quelque devoir en repoussant ceux qui sont venus à main armée, en compagnie de l'étranger, lui réimposer l'ancien joug; qu'il ait manqué à aucun devoir en faisant servir au paiement de la guerre le prix des propriétés de ceux qui lui ont fait la guerre, qu'il avait prévenus et avertis de cette représaille, et qui n'en ont tenu compte dans la confiance de leur invincibilité; car c'est la double confiance de sa force et de la certitude du succès au moyen de l'appui des étrangers, qui a fait et qui a perdu l'émigration. Laissons aux déclamateurs à proclamer, et aux enfans à croire tous les grands motifs prêtés à l'émigration; les véritables sont connus, ainsi que la manière dont il a été procédé dans tout cela. Toute cette question se réduit à celle-ci, qui est bien simple : *La France était-elle tenue de se soumettre à l'émigration, ou de passer par ses armes, car elle entrait en armes, et l'on n'a des armes que pour vaincre la résistance? La France est-elle coupable pour avoir repoussé l'émigration entrée en armes avec les étrangers ?* Voilà toute la question. Ceci nous conduit à examiner combien il est nécessaire que l'émigration définisse et précise le titre véritable auquel elle réclame une indemnité.

CHAPITRE XXXVII.

Motifs de la demande d'indemnité.

Toute imposition doit être motivée ; l'indemnité doit provenir d'une imposition sur toute la nation. On la motive donc, 1° sur l'opposition à la révolution, dans son principe et dans ses actes ; 2° sur le dévouement au Roi et à sa famille ; 3° sur les dangers du séjour en France pour les émigrés ; 4° sur les profits retirés par l'État de la vente des biens. Je voudrais ne rien omettre ; ces allégations sont tirées du *droit*. Nous verrons tout à l'heure les considérations que l'on tire des intérêts publics : c'est un autre ordre d'idées.

Opposition à la révolution.

Cette opposition porte, 1° sur l'attachement à l'ancien ordre constitutionnel ; 2° sur les excès de la révolution ; 3° sur l'état de captivité du Roi.

Commençons par allouer à l'émigration tout l'honneur de ses intentions ; et, ce tribut payé, revenons au *droit*, dont les meilleures intentions ne dispensent pas, et qu'elles ne confèrent pas

davantage : quand la division s'introduit au sein
d'une société, quels sont les droits et les devoirs
du citoyen? Sûrement la présomption du droit
appartient à l'ancien ordre; tant que la querelle
dure, il y a partage, combat, et comme suspension dans l'ordre qui régissait la cité ; mais quand
un autre ordre a prévalu, quand par lui la forme
a été imprimée à l'État, comme la société ne
peut point se passer d'un centre d'autorité, et
qu'elle ne se soutient pas seulement par ce qui a
été établi, mais encore par ce qui répond à ses
besoins, le parti qui a succombé a-t-il le droit de
se soustraire de l'obéissance à l'ordre nouveau,
au nom de l'ordre ancien, et de le faire par des
mesures violentes? surtout a-t-il ce droit quand
il a lui-même reconnu long-temps le nouvel ordre,
lorsqu'il a contribué à l'établir, comme il arrivait
aux députés constituans, qui, après avoir fait et
juré la Constitution, s'en allaient à Coblentz? Conduite fort singulière. L'État reconnu généralement
dans la cité, n'oblige-t-il pas le citoyen, et celui-ci
ne doit-il pas attendre le redressement, même dans
ce qui le blesse, de l'action seule de la cité, s'examinant de nouveau et s'amendant elle même? Mais
l'opposition ne peut déserter après la décision de la
lutte au sein de l'État. Il n'était donné qu'à la tur-
bulente pospolite de Pologne de trancher avec le

sabre les liens formés et imposés par la société. Dans ce cas, ce que l'un croit pouvoir faire, l'autre, dans un sens contraire, pourra se le croire permis ; dès-lors dans la société tout sera trouble, combats et anarchie.

Il faut bien se garder d'encourager les révolutions, d'inviter à faire des révolutions, car elles font toujours des victimes ; mais, comme a dit lord Liverpool, au sujet de celle d'Espagne, et en cela il a été l'interprète de la raison, il ne faut pas non plus les proscrire toutes, car il peut y en avoir de nécessaires, et même de toutes faites, dont on ne s'aperçoit qu'au moment qui révèle leur existence. Les révolutions d'*hon mes*, celles de pure ambition personnelle, ne peuvent jamais être admises, car elles placent un individu au—dessus de la société, et rendent celle-ci son instrument et son tributaire. Mais il n'en est pas de même pour les révolutions sociales. Par leur nature, les sociétés ne sont pas stationnaires ; leur but est leur bien-être et non point *tel état comme fait*. Les formes adoptées par elles sont le moyen de ce bien-être, mais non pas le but de leur existence : créées par elles et pour elles, ces formes restent dans la dépendance des sociétés autorisées à les régler sur leurs intérêts. Dans le système de l'émigration, les sociétés seraient les sujets, et comme

les esclaves des formes. Une assiette fixe est la
nécessité des sociétés ; les bouleversemens en sont
le poison ; le mouvement régulier en est la vie :
ainsi marche l'univers d'une manière régulière,
insensible, mais continue. Les changemens dans
les États doivent procéder de même, aussi loin
de la précipitation que de l'immobilité. Du baut
de son char, qui toujours va, le temps fait et
précède ces changemens, qu'il abandonne ensuite
à l'homme pour les diriger avec sagesse. Ainsi,
lorsque les années, dans un cours prolongé, ont
donné à un peuple une existence nouvelle, en
changeant les rapports de nombre, de lumières,
de fortune, qui avaient fait ses premières institutions, celles-ci doivent céder à l'action créatrice
des élémens nouveaux, qui, à leur tour, demandent à être mis en activité. C'est ainsi que, dans
l'humanité, les générations qui arrivent à la vie,
demandent à leur tour d'y trouver place, et d'y
être comptées. Qui avait fait les premières institutions françaises, sinon les élémens qui consti-
tuaient la société à l'époque de leur formation ?
Qui a fait le besoin des institutions réclamées
en 1789 ? Ne sont-ce pas les nouveaux besoins
survenus dans la société depuis trois cents ans ?
Qui a fait faire la Charte ? Ne sont-ce pas encore
les besoins sociaux résultant de tout ce qui s'était

passé pendant les trente dernières années? Les vraies nécessités sociales veulent être satisfaites ; elles finissent toujours par l'être ; elles prohibent cette opposition à outrance, dont quelquefois on se fait un honneur mal entendu ; surtout elles défendent l'opposition armée, qui ne peut manquer de dégénérer en guerre civile ; car, si une partie des citoyens peut se croire le droit de soutenir par les armes l'ancien ordre des choses, au même titre l'autre partie se croira autorisée à soutenir le nouveau par la même voie. Ce moyen est si violent, il porte tant d'irritation dans les esprits, qu'en général, il finit par exclure les moyens de conciliation, de rapprochement, et par faire que le triomphe de l'un ne puisse s'établir que sur la ruine entière de l'autre : extrémité horrible, que tout commande d'éviter, et qui malheureusement est celle à laquelle a abouti l'émigration, qui a péri dans cette lutte. Faisons l'application de ces principes au fait particulier de l'émigration.

1°. Qu'a-t-elle été dans sa formation? Un acte de sûreté. Quand est-elle devenue un système politique, et par quels moyens ce système a-t-il été formé? Nous en avons donné le détail fourni par elle-même. Depuis quelle époque la nouvelle forme avait-elle été généralement donnée et reconnue dans l'État? Depuis que son chef suprême, le Roi,

l'avait adoptée, et l'avait prescrite à tous ses officiers civils et militaires; depuis que, renonçant
à leur ancienne existence, les trois ordres réunis
avaient cessé de réclamer; depuis que le Parlement de Paris était venu présenter ses hommages
à l'Assemblée, que lui et tous les tribunaux appliquaient les lois nouvelles, et faisaient subir
aux perturbateurs de l'ordre nouveau, les peines
qu'antérieurement ils appliquaient aux perturbateurs de l'ancien. Quel tribunal a condamné Fa-
vras? ce n'est pas un tribunal révolutionnaire. Voilà
les faits; ils prouvent que l'état avait pris une
forme; attaquer celle-ci à force ouverte, était
provoquer la guerre civile.

2°. L'émigration, tout en s'armant pour l'ancienne constitution, s'armait aussi dans son intérêt propre; car cette constitution était le moyen
et le garant de ses prééminences sociales; de plus,
elle attendait du rétablissement de l'ancien ordre,
celui des propriétés utiles dont la révolution l'a-
vait dépossédée. Par là, il se trouvait dans la position de l'émigration, un mélange d'intérêt personnel avec l'intérêt public. Nous avons déjà fait
remarquer que ce mélange avait enlevé toute efficacité aux réclamations constitutionnelles que
l'émigration a faites.

3°. Les désordres de la révolution ont été grands,

II⁰ Partie.   17

comme ils ont été l'objet des regrets des hommes de bien ; cependant plusieurs choses sont à considérer : 1°. De ne pas confondre les temps de manière à faire des désordres d'une époque, l'attribut général et uniforme de toute la révolution, et surtout de ne pas le concentrer, comme il arrive quelquefois de le faire, sur la place de la Révolution. Les grands excès datent du 20 juin 1792, l'émigration est antérieure à cette époque; d'un autre côté, les premiers désordres de 1789 ne pouvaient être réprimés par l'émigration de 1791. Les années 1790 et 1791 n'en ont point produit de fort graves : le plus marquant fut celui de Nancy, réprimé vigoureusement par l'Assemblée constituante. L'émigration, en s'établissant au-delà du Rhin, ne pouvait contribuer à la répression des désordres intérieurs ; d'ailleurs, ils étaient du ressort des tribunaux, et aucunement de celui des particuliers. La France n'était pas dans cet état qui, menaçant de la perte de ce que l'homme vient chercher en société, la sûreté et la propriété, autorise chacun à pourvoir à sa sûreté propre. C'est tout au plus ce que l'on pourrait dire du temps de la Convention.

4°. Quant à l'opposition à la révolution comme changement de la constitution, 1° l'émigration date de 1791, le changement de 1789; la nou-

velle forme était donc imprimée à l'État; il roulait sur ce nouveau pivot. Il semble qu'en at-
taquant la révolution comme changement dans
l'État, l'émigration prenait sur elle le jugement
de l'État, de ses besoins, de la convenance de
ses remèdes, toutes choses fort délicates à assigner. L'émigration déclarait que *les trois ordres*
étaient les bases inébranlables de la monarchie.
Ce qui est inébranlable constitutionnellement dans
un temps, ne peut pas être ébranlé dans un autre,
comme les deux Chambres en France et en Angleterre. En 1789, on n'eût pas reconnu au Roi le
droit de supprimer les trois ordres; cela fut tenté
par la cour plénière, on sait avec quel succès.
Nous n'avons plus les trois ordres, et l'on n'é-
migre pas. Cette raison n'est donc pas valable.
En concentrant ses regards sur un seul point,
l'émigration s'est privée des moyens d'apercevoir
le grand évènement de la révolution sur une
échelle large, comme l'a fait son plus célèbre
défenseur, Burke (1), qui, affranchi de tout in-

(1) *Lettre de* Burcke *sur la révolution.*

« De tous les souverains qui ont régné, le malheureux
Louis XVI est probablement celui qui a eu les meilleures
intentions; il ne manquait nullement de talens; il avait
le louable désir de suppléer par une lecture générale, et

17..

térêt et de tout préjugé d'état et de localité,
a assigné les causes de la révolution avec la pro-

---

même par l'acquisition des connaissances élémentaires, à
une éducation originairement défectueuse en tous points ;
mais personne ne lui disait (et il n'était pas étonnant qu'il
ne le devinât pas lui-même) que le monde dont il lisait l'histoire, et le monde dans lequel il vivait, n'étaient plus les
mêmes. Louis XVI aimait beaucoup à lire l'histoire ; mais
la lampe même de la prudence l'aveugla ; le guide de la
vie humaine l'égara : une révolution silencieuse dans le
monde moral précédait la révolution politique et la préparait ; il devint plus important que jamais de savoir quels
exemples il fallait donner, quelles mesures il fallait adopter. Leurs causes n'en étaient plus cachées dans le fond
des cabinets ni dans les conspirations privées des factieux ;
elles ne devaient plus être contrôlées par la force et l'influence des grands, qui jadis avaient pu exciter des troubles par leurs mécontentemens, et les appuyer par leur
corruption. La chaîne de la subordination, même en ca-
bales et en séduction, était rompue dans ses plus impor-
tans anneaux, les grands et la populace ; il s'était formé
d'autres intérêts, d'autres dépendances, d'autres con-
nexions, d'autres communications. Les classes mitoyennes
s'étaient accrues bien au-delà de leur ancienne proportion. Semblables à tout ce qui est effectivement très riche
et très grand dans la société, ces classes devinrent le siége
de la politique active, et le poids prépondérant pour en
décider : c'est là qu'était toute l'énergie par où s'acquiert
la fortune ; et là se trouvait la conséquence des succès de

fondeur du génie qui, dans l'examen des faits, ne s'arrête pas à ce qui frappe les yeux, mais qui, de plus, sait remonter jusqu'à leur origine, et tracer la marche de leur action.

On a beaucoup écrit sur la révolution. Elle fera encore écrire beaucoup, car elle n'est pas au nombre des sujets faciles à épuiser. Cette révolution est le plus grand évènement de l'histoire, le plus grand fait de l'humanité, compliqué

cette énergie ; là se trouvaient tous les talens qui assurent leurs prétentions, et qui sont impatiens de jouir de la place que la société établie leur prescrit. Cette nouvelle classe d'hommes avait pris rang entre les grands et la populace, et l'influence sur les plus basses classes était de leur côté. L'esprit d'ambition s'était emparé de cette classe aussi violemment qu'il l'eût jamais fait d'aucune autre. Ils sentaient l'importance de leur situation. La correspondance des capitalistes et des négocians, le commerce littéraire des académies, mais, par dessus tout, la presse, dont ils avaient en quelque sorte l'entière possession, produisirent partout une espèce de communication électrique : la presse, dans le fait, a rendu tous les gouvernemens presque démocratiques dans leur esprit : sans les grands, les premiers mouvemens de cette révolution n'auraient peut-être pas pu être donnés ; mais l'esprit d'ambition, lié aujourd'hui pour la première fois avec l'esprit de spéculation, ne pouvait être restreint à volonté ; il ne restait plus de moyens d'arrêter un principe dans son cours.

au plus haut degré, vaste théâtre de changemens
de scènes, d'acteurs et de décorations, et qui,
suivi de l'ébranlement du monde, après avoir dé-
buté à Paris, se montre en Amérique, et se pro-
pagera dans toutes les contrées et dans tous les
siècles (1). Si ce fut à titre de nouveauté que l'é-
migration se déclara contre elle, mais les révolutions ne sont pas des choses nouvelles, combien
le monde n'en a-t-il pas vu ? La France ne
compte-t-elle pas trois révolutions légitimaires,
et dynastiques ? En 1789, s'agissait-il de cette
dernière espèce de révolution ? On peut assurer
qu'elle n'était entrée dans l'esprit de personne.
À cette époque, toutes les idées étaient dirigées
vers les institutions et leurs garanties. La nation,
remplie de lumières, fatiguée des faux pas de
son gouvernement, voulait avec sincérité et ardeur, un ordre de choses régulier et stable,
fondé sur de vrais principes de sociabilité. Elle
se trouvait dans l'état où l'Angleterre était placée lorsqu'elle fit sa *pétition de droit*. La révolution de 1789 fut la pétition de droit de la
France; les faits anciens avaient perdu à ses yeux

---

(1) Dans le Mémoire n° 3, qui se trouve à la fin de cet
écrit, et qui est l'ouvrage de M. le prince de Condé, on
trouve ces paroles remarquables : *Ce qui se passe dans
notre patrie est l'esprit actuel de tous les peuples de l'Europe.*

toute leur valeur ; elle ne les connaissait plus ; depuis 1614 jusqu'à 1789 : six générations avaient
eu le temps de se succéder, sans qu'on eût entendu parler de l'ancien ordre de choses. Comment aurait-il eu quelques racines dans l'esprit
de la nation ? Les monumens historiques ne le
représentaient pas comme ayant apporté de grands
avantages, lorsqu'il avait été mis à exécution ; car
l'histoire des États-Généraux de France est aussi
déplorable qu'obscure. Ces idées s'étaient géné-
ralisées dans la nation ; les seuls ordres privilégiés crurent devoir s'y refuser : ceux de leurs
membres qui les adoptèrent, se trouvèrent comme
retranchés de leur corps ; ce fut un grand malheur, car il était bien évident que rien ne ré-
sisterait à l'ardeur avec laquelle la France voulait
une constitution, comme garantie contre le retour des désordres qui avaient forcé la convocation
des États-Généraux. On a voulu faire passer cette
convocation pour une concession méritoire faite
à la nation ; elle n'était que le résultat de la plus
urgente nécessité, et l'on avait tout tenté pour
se soustraire à la promesse qui en avait été faite.
L'emprunt successif de 420 millions, proposé en
1787 par le cardinal de Loménie, dans la séance
royale du 19 novembre, avec assignation des
États - Généraux dans *cinq ans*, était un ajour-

nement indéfini de cette convocation. La Cour
plénière en était l'abolition éternelle, puisqu'elle
cumulait le pouvoir de l'impôt et celui de la législation simplement consultative ; car on bornait à
cela tous les droits de la nation. A cette époque, les
trois ordres, les parlemens et le corps de la nation
étaient unanimes pour les États-Généraux. La
division s'établit sur le mode seul, que les uns
voulaient régler par les faits, et les autres par
les droits, c'est-à-dire d'après les principes de
la sociabilité ; les uns demandaient ce qui avait
été, les autres ce qui devait être ; les uns pen-
saient que l'ancien ordre suffisait, les autres lui
refusaient cette propriété, et voulaient de plus
fortes garanties, celles que présenteraient des institutions basées sur l'état actuel de la nation.
Loin de nous la pensée qu'il y eût haine contre les corps privilégiés ; au contraire, ces corps
avaient acquis une grande faveur dans la nation,
par l'énergie qu'ils avaient montrée à défendre
les libertés publiques ; il en était de même pour
les parlemens, qui jouissaient alors de la considération publique la plus prononcée. Tous la perdirent à la fois par le rappel obstiné qu'ils firent
de l'ancien ordre (1). M. Necker a eu raison de

(1) On a adressé de singuliers reproches à M. Necker;

dire que si son vœu pour l'établissement d'une constitution rapprochée de la constitution anglaise avait prévalu, les États-Généraux auraient duré huit jours. On peut ajouter que la France fût devenue le jardin d'*Éden* (1). C'est le refus de ce renouvellement social qui a amené tous les malheurs ; et quand l'émigration se fait un mérite d'avoir combattu pour l'ancien ordre, elle ne fait que rappeler une méprise dont les suites ont été bien funestes, et que le résultat final a démentie, car l'ancien ordre n'a pas été rétabli. Je laisse aux mémoires du temps à retracer ce qui

___

on disait qu'il était Génevois, banquier, protestant : on n'aperçoit pas distinctement l'incompatibilité de ces qualités avec celle de ministre. Le vrai tort de M. Necker a été de ne pas se retirer, quand il lui a été démontré qu'il ne pouvait faire prévaloir son plan : tout ministre principal, dans la même position, doit s'en aller, car il ne peut plus que faire du mal et tomber à quatre pas de là, comme il est arrivé à M. Necker. Je n'ai jamais rien conçu à son retour en 1789. S'il fût resté en Suisse pendant dix ans, les regrets de la France auraient été le chercher, au lieu que ce sont les regrets de M. Necker qui peut-être sont venus chercher la France.

(1) En 1792, la Reine dit au chevalier de Coigny : « Je » voudrais qu'il m'en eût coûté un bras, et que nous eus- » sions la Constitution anglaise. » (Mme de Staël, T. Ier, p. 216.)

routes des Terray et des Loménie, les dilapidations
des Calonne et d'autres encore ; une nation après
tant d'épreuves a bien quelque droit à réclamer des
garanties contre le retour de tous ces maux. On a pu
s'y prendre mal ; de mauvais génies, des ambitions
privées ont pu se mêler à ce mouvement vraiment national ; et dans quoi ne se mêlent-ils pas ?
mais le fond du vœu était légitime et sain. Appeler aux armes pour en empêcher l'exécution,
était une résolution extrême, précipitée, irritante, et propre à faire naître beaucoup de désordres. L'émigration a dit qu'elle voulait faire
rendre au Roi toute son autorité et sa liberté.
Voilà deux mots qui veulent être définis exacte-
ment. Qu'entendait-elle par toute son autorité ?
Si l'on peut en juger par l'éloignement que l'é-
migration a montré pour les idées constitutionnelles, on doit croire qu'elle entendait le pouvoir
sans contre-poids, sans balance, sans contrôle,
c'est-à-dire le pouvoir absolu. Si l'on peut encore
juger par ce qui est arrivé aux contrées de l'Europe qui ont subi des contre-révolutions armées, de
ce qui aurait eu lieu en France, on retrouve encore le pouvoir absolu : en se reportant au temps,
aux idées qui dominaient alors parmi l'émigration, à son exaltation politique, il n'est pas té-

méraire de penser qu'elle eût fait porter fort loin
les droits. de l'autorité (1).

C'est une grande difficulté que d'évaluer *la*
liberté dans certaines positions, d'assigner d'une
manière précise ce qui appartient à la contrainte
réelle, ou bien à celle qui est le résultat de la

---

(1) On peut consulter sur cela les Mémoires de Mme Campan; ils tracent le tableau des peines que lui firent éprouver les reproches d'être *constitutionnelle,* et celui des emportemens auxquels on se livrait contre ce qui ressentait quelque idée constitutionnelle; mais ce qui achève tout, c'est la conversation de cette dame avec M. de Montmorin; les deux interlocuteurs sont entièrement pour le pouvoir absolu. (Pag. 171, 172, tom. II.)

M. de Besenval va directement au fait; car, avec lui, il n'est question que d'autorité par le militaire.

La liaison intime de l'émigration avec les souverains absolus eût conduit à l'établissement de ce pouvoir, comme on le voit dans les contrées de l'Europe qui se régissent d'après l'influence des gouvernemens absolus du Nord. Mme Campan dit, tom. II, pag. 108 : *L'impératrice Catherine II fit aussi parvenir à la Reine son opinion sur la situation de Louis XVI, et la Reine m'a fait lire quelques lignes de la propre écriture de l'Impératrice, qui se terminaient par ces mots : Les rois doivent suivre leur marche sans s'inquiéter des cris du peuple, comme la lune suit son cours sans être arrêtée par les aboiemens des chiens.*

position dans laquelle on s'est mis; de distinguer ce que renferment de liberté une acceptation prolongée, une exécution continue, des témoignages de satisfaction, des actes résultant de délibération libre, et des actes essentiellement libres. Ce mélange forme une complication qui rend les précautions fort nécessaires pour former un jugement raisonnable. Malheureusement cette complication se retrouve à un haut degré dans tout ce qui concerne l'état de liberté de l'infortuné Louis XVI : tout est contradiction dans ce qui eut lieu alors. Le 6 octobre, *il dit à la commune de Paris, qu'il vient avec plaisir et confiance* ; en partant pour Varennes (1), *il proteste contre sa*

_____

(1) Dans la déclaration qui eut lieu après le retour de Varennes, Louis XVI dit : *Je n'ai fait aucune protestation que dans le Mémoire laissé à mon départ. Cette protestation ne porte pas, ainsi que son contenu l'atteste, sur le fond des principes de la Constitution, mais sur le peu de liberté dont je paraissais jouir, et sur ce que les décrets n'ayant pas été présentés en masse, je ne pouvais juger de l'ensemble de la Constitution. J'ai reconnu dans mon voyage que l'opinion publique était décidée pour la Constitution.* Hélas! pourquoi ne l'avait-il pas cru plus tôt? ce malheureux voyage, principe des plus grands maux, n'aurait pas eu lieu.

D'après cette déclaration, trois choses sont évidentes: 1° que Louis XVI a renoncé à l'allégation du défaut de *captivité* ; il nomme à des évêchés ; il a auprès de lui des anciens ministres, tels que M. de Montmorin ; il traite avec l'Angleterre dans l'affaire de Noutka-Sound ; il envoie à l'Assemblée le livre rouge avec son sceau qu'elle respecte ; il fixe la liste civile acceptée par acclamation ; il est comblé d'hommages et de respects à la fédération de 1790 ; il accepte la constitution de 1791 après des délibérations avec son conseil et des relations avec l'étranger ; il tient à M. Bertrand de Molleville un discours qui est l'effet évident d'une volonté réfléchie, délibérée ; il fait réprimer l'insurrection de Nancy ; les mémoires du temps (1) relatent le peu de précautions prises autour de lui à certaines époques ; en 1792, il refuse plusieurs fois sa sanction ; d'un autre côté, je vois de graves manquemens, un séjour qui n'était pas de son choix, une opposition formelle à son départ pour Saint-Cloud. Dans cette opposition de faits, je reporte mes regards vers les représentans de la souveraineté de l'Europe ; et les apercevant auprès de Louis XVI, apercevant les siens

---

liberté ; 2° qu'il ne partageait pas l'opinion de l'émigration sur la Constitution ; 3° qu'il avait été trompé sur l'état de l'opinion.

(1) Mémoires de Mme Campan, pag. 115, tom. II.

auprès de tous les souverains, voyant ses actes
acceptés par eux, et lui acceptant les leurs, ne
pouvant croire que l'état réel des choses leur fût
inconnu, ni qu'ils voulussent, s'il était illégal,
l'autoriser par la présence de leurs représentans,
je me crois autorisé à conclure que le défaut de
liberté n'avait pas cette évidence qui autorise la
prise d'armes; car, lorsqu'il s'agit d'armes, il faut
que tout soit clair : les effets sont trop graves pour
admettre le doute.

Lorsque Louis XVI faisait des promotions et
d'autres actes dans l'ordre *gracieux*, ceux qu'ils
concernaient, les refusaient-ils au titre du défaut
de liberté ? On a argumenté du renvoi des ministres nommés avant le 14 juillet, et renvoyés
le 16; pourquoi ne pas argumenter aussi du renvoi du cardinal de Loménie (1), et de la rétrac-
tation de la cour plénière? Il ne faut pas confondre
les renvois par *les choses*, avec les renvois faits
par *les hommes*. Dans ce cas, loin qu'il y ait
défaut de liberté, il y a preuve de liberté; car

---

(1) Ce renvoi fut si peu volontaire, c'est-à-dire si étranger au goût de la cour, qu'elle combla d'honneurs et de
bienfaits le cardinal et sa famille : faute grave et qui irrita
beaucoup; car le cardinal était chassé par la voix publique.
Madame Campan va jusqu'à dire qu'on se proposait de le
rappeler.

il y a preuve de la préférence donnée aux choses sur les hommes, et, par suite naturelle, il y a aussi preuve de cette délibération libre qui a fait triompher la raison sur les goûts personnels. C'est là de la liberté morale, ou bien il n'en existe pas au monde.

Dès 1789, on a dit que la révolution était la cause de tous les trônes. 1°. L'émigration n'était pas chargée de la cause de tous les trônes ; alors pourquoi l'émigration n'a-t-elle pas défendu le trône de Pologne au lieu de s'unir à ceux qui travaillaient à le détruire ? 2°. L'allégation manquât de réalité ; car, à cette époque, il n'était nullement question de démocratie ; il n'y en avait pas une trace dans les *cahiers du tiers-état*. Buzot a écrit *qu'il n'y avait en France que trois républicains, Pétion, Robespierre, et lui*. Au retour de Varennes, Pétion eut la grossière insolence de dire au Roi *que les Français n'étaient pas encore mûrs pour la république*. L'Assemblée constituante fit mal l'ordre monarchique, il est vrai, mais elle ne pensa jamais à le détruire ; elle réprima insuffisamment les attentats du 6 octobre, et d'autres désordres encore ; mais elle n'y trempa point ; elle fit fusiller les premiers républicains qui se montrèrent au champ de Mars, le 14 juillet 1791. Les motifs de l'émigration armée sont bien connus ; il est inutile de chercher des prétextes en dehors de la vérité ou contre elle. En tout, il faut être juste, apprécier et rendre les choses telles qu'elles sont, et leur laisser leur couleur véritable.

Madame de Staël a dit avec raison, T. II, p. 3 : « Sans se perdre dans des suppositions qui peu- » vent toujours être contestées, il y a des devoirs » inflexibles en politique comme en morale, et le » premier de tous est de ne jamais livrer son pays » aux étrangers, lors même qu'ils s'offrent avec » leurs armées pour appuyer le système qu'on » regarde comme le meilleur. »

CHAPITRE XXXVIII.

Du dévouement de l'émigration.

Il faut classer les objets. Qu'entend-on par dévouement méritoire, et donnant lieu à indemnité pour les pertes qu'il peut causer? Où commence-t-il, où finit-il? Un parti qui se forme contre un ordre de choses nouveau qui le fait perdre, et qui veut rétablir l'ancien ordre qui lui était profitable, peut-il, doit-il être placé au rang de ces dévouemens sans mélange, qui n'ont pour principe et pour objet que l'attache-

II° Partie.   18

ment à la personne et au devoir ? Dans un parti nombreux, tous les dévouemens se ressemblent-ils ? ont-ils le même objet ? Le dévouement que *j'appellerai stérile*, celui qui ne peut être d'aucune utilité, qui se rapporte aux diverses affections que les hommes peuvent éprouver, confère-t-il quelque mérite ou quelque droit ? Ainsi, les femmes, les enfans, les vieillards, les hommes de l'ordre civil, émigrés soit par un motif, soit par un autre, peuvent-ils assigner leur dévouement comme leur conférant un droit à une indemnité ? Quel dévouement y avait-il à changer le séjour de Paris pour celui de Bruxelles ou de Turin ? De quelle efficacité cela était-il à la cause ? Quel était le dévouement de beaucoup de personnes qui ont cédé à de longues sollicitations, et à la crainte de l'animadversion de leur corps ? Combien de calculs particuliers n'ont-ils pas conduit de l'autre côté du Rhin ? En ne refusant pas aux dévouemens véritables qui ont existé, et il y en a eu, l'honneur qui leur est dû, cependant n'est-il pas évident que le principe du dévouement a été la confiance absolue dans un succès dont il n'était pas permis de douter, et dont la vue paraissait certaine au point d'avoir banni toute prévoyance pour les chances malheureuses ? Quel était le dévouement de ceux qui sont sortis en vue de sûreté personnelle ? Je

pourrais pousser plus loin ces questions : la mesure du dévouement allégué peut se trouver dans
l'empressement avec lequel on chercha à rentrer,
dès la campagne de Champagne ; si la rentrée
eût été sûre, il ne fût pas resté cent personnes
dans l'étranger. De 1793 à 1800, la rentrée n'a-
t-elle pas eu lieu sans discontinuation, malgré
ses dangers ? et quand l'amnistie rouvrit toutes
les portes, qui ne les franchit pas ? Combien ont
servi la république et l'empire dans toutes les
carrières ? Comment distinguer et classer toutes
ces espèces de dévouement ? et cependant la même
rémunération leur est destinée. Mais cette rémunération doit provenir d'une charge publique ;
et par là, la nation se trouvera payer également
pour des titres si inégaux.

En examinant de près cette question, on trouve
que la réclamation du dévouement ne serait, en
quelque sorte, applicable qu'à l'émigration armée
qui s'est élevée à 16 ou 18000 hommes, parmi
lesquels on comptait à peu près 12000 nobles.
Le dévouement du reste échappe à toute espèce
de définition, et n'avait aucune signification. De
plus, en faisant aux émigrés armés l'application
des déductions indiquées plus haut, on trouvera
que la réclamation du dévouement ne concerne
qu'un très petit nombre de personnes.

C'est avec dessein que je laisse à l'écart deux questions de droit public : 1°. les sacrifices que peuvent coûter les preuves d'un dévouement personnel, doivent-ils être compensés par la société tout entière, c'est-à-dire par ceux qui n'en sont pas les objets directs ?

2°. A qui incombe la charge de cette espèce d'indemnités ? On peut apprécier les motifs qui me dictent cette réserve.

La France a-t-elle été l'objet du dévouement des émigrés ? Quel était ce dévouement qui lui ramenait l'ancien régime avec un redoublement d'énergie, avec le cortége des dîmes, des droits féodaux et de toutes les propriétés abolies ? La France peut-elle être obligée de se charger de plusieurs centaines de millions, pour indemniser l'émigration de ce que lui ont coûté les tentatives du rétablissement de tous ces bienfaits ? La France doit-elle à l'émigration de l'indemniser de ce qu'elle a perdu en voulant récupérer ses rentes et ses honneurs ? C'est ce mélange d'intérêt personnel, c'est la connaissance de tous les moyens qui ont créé l'émigration, qui font ressortir la nullité de ces allégations de dévouement. Eh ! plût au Ciel qu'elle ne l'eût pas eu ce fatal dévouement (1) !

_____

(1) « Les contre-révolutionnaires ne cachaient point

Quand il n'est pas réglé par la sagesse et la lumière, à quel malheur ne peut-il pas conduire? et

---

leur projet d'anéantir la Constitution et de rétablir l'ancien ordre de choses. Ce parti comprenait beaucoup de membres du côté droit de l'Assemblée constituante, les évêques, la plus grande partie de la noblesse et du haut clergé, les parlemens, les financiers, les officiers de tout grade. Ils s'étaient imaginé qu'en faisant sortir du royaume toute la noblesse, ils pourraient, à l'aide de cette même noblesse, et avec le secours des puissances étrangères, rentrer les armes à la main, rétablir l'ancien ordre de choses, et recouvrer les droits et les avantages que leur enlevait la nouvelle Constitution. On déclara donc aux nobles qu'il fallait émigrer et se rassembler sur les frontières; qu'ils y trouveraient de nombreuses armées d'Autrichiens, de Prussiens, de Russes, d'Espagnols, à la tête desquelles ils reviendraient triomphans dans leur patrie. Les nobles quittèrent en foule leurs châteaux, abandonnant leurs femmes, leurs enfans, leurs propriétés à la merci de leurs ennemis, n'emportant pas même leur argent, leurs bijoux, leurs armes; la plupart avec un seul habit et quelques chemises, croyant que cet exil volontaire, qui devait durer la vie de tous, n'était qu'un voyage de plaisir de cinq ou six semaines.

» On a de la peine à concevoir comment la noblesse française put donner dans ce piège : l'étonnement cesse lorsque l'on vient à réfléchir sur l'ignorance des hommes et des choses où ils étaient plongés, sur leur folle confiance en eux-mêmes et dans les puissances étrangères. Les femmes,

l'émigration n'a-t-elle pas été une des armes les
plus puissantes entre les mains des ennemis de
Louis XVI? Ne se sont-ils pas servis des menaces,
des écrits de l'émigration pour enflammer le peuple, pour lui rendre suspecte la bonne foi de

---

encore plus humiliées de leurs pertes, plus jalouses de
leurs droits, furent les plus ardentes à hâter l'émigration;
elles tourmentaient, par des sarcasmes et par un ton affecté de mépris, ceux qui refusaient de partir, ou même
qui balançaient un moment : l'honneur, disaient-elles, a
parlé, il n'y a plus à hésiter. On envoyait des quenouilles
aux traîneurs; on les menaçait de tout le courroux de la
noblesse victorieuse; ceux qui s'obstineraient à rester, seraient dégradés, relégués parmi la bourgeoisie, tandis que
les nobles émigrés posséderaient les places, les honneurs,
les dignités. On insinuait aux bourgeois que c'était un
moyen assuré d'acquérir la noblesse. » (*Mémoires du marquis de Ferrières*, p. 16, vol. 3.)

Pag. 404, vol. . « Il y avait dans Paris et dans les
principales villes de province, des bureaux pour hâter
l'émigration; les journaux du parti entretenaient les espérances ou jetaient la terreur, suivant que les esprits
étaient susceptibles d'ambition ou de crainte; exagérant
sans cesse les immenses préparatifs des puissances étrangères, le nombre des nobles et des soldats déjà réunis, entrant sur tout cela dans les détails les plus mensongers,
annonçant avec emphase une invasion prochaine, la chute
de la Constitution; parlant aux uns de récompenses, aux

Louis XVI? En quoi leurs indiscrétions (1), leurs instances, les luttes qu'ils arrangeaient dans les théâtres à Paris, même sous les yeux de la famille royale, pouvaient-elles servir le Roi (2)? *Il faut périr, dit tristement la Reine, quand on est attaqué par des gens qui réunissent tous les talens à tous les crimes, et défendu par des hommes fort estimables, mais qui n'ont aucune idée de notre position.* Que deviennent toutes ces allégations de dévouement, à la lecture des dernières et douloureuses paroles que la Reine, confinée dans un réduit indigne d'elle, aux Feuillans, après le 10 août, adresse à Mme Campan et aux personnes de son service, admises auprès d'elle dans ce triste

---

autres de jugemens contre les factieux; ear, ajoutaient-ils, tous ceux qui ne sont pas pour nous sont contre nous.

(1) *Voyez* le récit de ces scènes dans les *Mémoires de Madame Campan*, p. 173, v. 2.

Mémoires de Ferrières, p. 375, v. 2. « La nouvelle de l'évasion du Roi avait répandu une folle joie à Bruxelles; le cœur des émigrés s'était ouvert aux plus flatteuses espérances; on se félicitait, on s'embrassait, on disposait des places du ministère. C'était un véritable délire. »

J'omets à dessein quelques traits de ce récit, désobligeans pour l'émigration.

(2) *Mémoires de Madame Campan*, vol. 2, p. 102.

séjour (1)? *Venez, malheureuses femmes, venez en voir une plus malheureuse que vous encore, puisque c'est elle qui fait votre malheur à toutes. Tout le monde a contribué à notre perte ; les novateurs comme des fous, d'autres comme des ambitieux pour servir leur fortune ; car les plus forcenés des jacobins voulaient de l'or et des places, et la foule attend le pillage. Il n'y a pas un patriote dans toute cette infâme horde ; le parti des émigrés avait ses brigues et ses projets, les étrangers voulaient profiter des dissensions de la France; tout le monde a part dans nos malheurs.* Quel triste mais accablant témoignage! dans quelles circonstances est-il donné! Comment, après lui, parler d'un dévouement qui a eu des suites si funestes? Dans un sujet aussi lugubre, je ne fais pas des satires, malheur à qui pourrait s'en permettre au milieu de tant de malheurs! Ce n'est pas la plume de Juvénal que demandent de telles catastrophes, mais celle de Young, chargée de couleurs encore plus noires que celles dont il peignait ses sombres tableaux. Mme Campan donne une idée de ce qu'on appelle dévouement par le récit suivant, pag. 176, vol. 2 : *La nouvelle*

---

(1) Mémoires de Madame Campan, vol. 2, p. 256.

constitution détruisait ce que l'on appelait les
honneurs et les prérogatives qui y étaient attachées. La duchesse (1) donna sa démission de la
place de dame du palais, ne voulant pas perdre
à la cour son droit au tabouret; plusieurs grandes
dames s'éloignèrent de la cour par le même motif. Cette démarche affligea la Reine, qui se
voyait abandonnée pour des priviléges perdus,
quand ses droits étaient ouvertement attaqués.
Si ces dames viennent réclamer au nom de leur
dévouement, leur serait-il aussi dû des indemnités? La Reine persista à ne pas vouloir de maison
civile: *Si cette maison constitutionnelle était formée, disait-elle, il ne resterait pas un noble auprès de nous.* Quel dévouement (2)! Elle disait
encore: *Quand on obtient de nous quelque démarche qui blesse la noblesse, je suis boudée,
personne ne vient à mon jeu; le coucher du Roi
est solitaire. On ne veut pas juger les nécessités
politiques, on nous punit de nos malheurs.* Malheureuse princesse, entre de pareils ennemis et
de pareils serviteurs, que pouviez-vous devenir?
Les préparatifs de départ pour l'étranger, *faits*

(1) J'omets les noms à dessein, car je ne veux que faire
connaître les choses, et éviter d'affliger les personnes.
(2) Mémoires de Madame Campan.

à l'Opéra, et arrangés comme des parties de plaisir, ainsi que nous l'apprend M. d'Ecquevilly ; ces départs produits par les excitations de toute nature dont il trace le tableau, ainsi que M. de Ferrières, dans le morceau ci-joint, sont-ils aussi du dévouement donnant titre à une indemnité payable par la France ? Cette confiance sans bornes qui, comme le dit Ferrières, *fit abandonner par les nobles leurs châteaux, leurs femmes, leurs enfans, leurs propriétés à la merci de leurs ennemis, n'emportant pas même leur argent, leurs bijoux, leurs armes ; la plupart avec un seul habit et quelques chemises, croyant que cet exil volontaire, qui devait durer la vie de tous, n'était qu'un voyage de plaisir de cinq ou six semaines*, est-ce là encore du dévouement ? Cependant, ce tableau est celui de la vérité ! Cette vérité est que l'émigration a tenu à ces deux mobiles : 1° les excitations du dehors ; 2° une confiance portée au point que l'ombre d'un doute passait pour une idée *monarchienne*, ce qui était le grand tort de l'époque. Lorsque les choses en sont arrivées à ce point d'évidence, lorsque le principe d'un acte a été si étranger au dévouement, lorsque les conséquences en ont été si funestes, la prudence doit faire renoncer à de pareilles allégations, et l'on peut dire qu'une cause présentée sur de tels titres, *au dernier tribunal de la France ou de l'Europe,* y serait à peine admise.

La justice étant le seul but de cet écrit, et la raison étant le vrai moyen de la justice, je suis loin de faire de cette assertion une exclusion pour tous les dévouemens. Je reconnais qu'il y en a eu de très solides, mais je dis qu'une demande générale à titre uniforme de dévouement général parmi l'émigration, manque de fondement. Il est démontré aux yeux de tout homme raisonnable, que sans les excitations et la confiance illimitée créées parmi l'émigration, elle n'aurait jamais eu lieu. Si l'émigration eût pu entrevoir la moindre partie des maux qui l'ont assaillie, elle fût restée chez elle. Son empressement à rentrer malgré tous les dangers, en est la preuve. Quand elle a été engagée sous la bannière contre-révolutionnaire et armée, elle n'a pas pu reculer, par là elle s'est trouvée liée à un ordre de choses qu'elle n'avait pas prévu et qu'elle n'eût pas embrassé si elle l'eût soupçonné. Cette allégation du dévouement, recherchée dans ses élémens véritables, est plus nuisible que profitable à la cause de l'émigration. Sans doute, le dévouement est un des plus honorables sentimens de l'homme. Gardons de rien faire qui puisse altérer ou tarir cette belle source des plus nobles actions. Hélas! il n'est pas assez commun pour chercher a le rendre encore plus rare ; mais comme les meilleures choses, mal conçues ou mal dirigées, peuvent devenir aussi le principe de grands maux, le dévouement, pour avoir du prix, doit être mesuré sur les moyens et le résultat ; les uns doivent être employés et choisis avec discernement, l'autre doit présenter des probabilités. Au contraire, dans ce dévouement, si tout est imaginaire, idéal, contraire à la nature des choses dans les moyens et dans le but, alors le dévouement perd ses droits à l'estime, il n'est plus qu'une effervescence de cœur ou de tête, à part de la raison ; et dans cet état vicié il peut avoir les résultats les plus funestes. Qu'importe d'être tué par un ami qui se méprend sur la nature ou sur l'usage de l'arme qu'il destinait à ma défense, ou de l'être par l'arme destinée à me tuer ? Le résultat est-il moins grave dans un cas que dans l'autre ?

C'est à l'émigration à juger de la proportion qui a pu exister entre ses sentimens dévoués, ses moyens, et les probabilités du résultat auquel elle tendait. Les faits sont clairs et à la portée de tout le monde ; le jugement de tout ce qui est hors de l'émigration, celui de l'Europe et celui de l'histoire, s'accordent et s'accorderont dans tous les âges, à placer l'émigration au rang des mesures les moins bien basées dans son principe, et les plus fu-

nestes dans ses résultats pour la France, pour le
Roi et pour les émigrés eux-mêmes : heureux de
finir par une amnistie (1) !

CHAPITRE XXXIX.

Danger du séjour en France.

Ici, il ne s'agit plus de dévouement, mais du
soin de la sûreté personnelle? Ainsi l'on entend
dire : Nous sommes sortis parce que le séjour de
la France était dangereux ; cette sortie nous a
coûté notre fortune ; il nous est dû une indemnité
pour les pertes causées par des craintes, fruits de
désordres dont nous avions à redouter les effets,
et dont nous ne sommes pas les auteurs. A combien de personnes cette allégation est-elle permise ? L'émigration de sûreté ne s'est-elle pas
changée en armement ? Cette espèce d'émigration
n'a pas eu le caractère primitif de la grande émigration, qui a été une opposition armée à la ré-

(1) « La postérité prononcera, je crois, que la noblesse,
en cette occasion, s'écarta des vrais principes qui servent
de base à l'union sociale. » (*Mad. de Staël*, tom. II, p. 2.)

volution; et ce n'est pas contre la première que la confiscation aurait été prononcée; jamais il n'y aurait eu de confiscation, s'il n'y avait pas eu d'autre émigration que celle-ci. La confiscation de l'une a été la suite de la confiscation de l'autre. Mais est-il vrai que le séjour de la France en 1790 et 1791, on peut même dire en 1792 jusqu'au 10 août, ait offert des dangers qui autorisassent la recherche d'un lieu de sûreté? Qu'est-il donc arrivé dans le cours de ces années qui compromit la sûreté des habitans? Qu'est-il arrivé à cette époque à ceux qui sont restés? Sur quatre-vingt-trois départemens, combien ont éprouvé des désordres, et de quelle nature étaient ceux-ci? Les classes qui ont formé l'émigration s'étant fortement prononcées contre le nouvel ordre, ne jouissaient pas de la faveur publique, cela est vrai : mais de là à des dangers positifs, de nature à commander l'éloignement des foyers, il y a loin. Les liaisons de l'extérieur avec l'intérieur étaient connues en France, et inquiétaient. Peut-être beaucoup d'hommes se sont-ils créé des dangers par l'inconsidération de leur conduite. Louis XVI a dit : *Dans les temps de troubles, souvent les hommes ne sont pas maîtres d'eux-mêmes.* Ces paroles judicieuses et douces s'appliquent à beaucoup de choses de cette époque, et

Mme Campan rapporte plusieurs traits relatifs à des hommes qui s'étaient fait comme un état de ces provocations habituelles. M. d'Ecquevilly dit qu'après que les gentilshommes d'Auvergne eurent manqué leur coup sur Lyon, en 1791, la crainte de n'être pas en sûreté chez eux, les força à émigrer, et que ce fut là le principe de l'émigration. Comment argumenter des dangers lorsqu'on les a créés soi-même ?

Eh quoi ! l'on a été chercher sa sûreté en pays étranger, on a fui pour se soustraire à des désordres menaçans pour sa sûreté, et l'on faisait des préparatifs et des arrangemens de départ à l'*Opéra, au Palais-Royal ?* Ils fuyaient par raison de sûreté, ces gentilshommes poitevins, qui ne *voulaient entendre à rien, ni même attendre le retour d'un envoyé à Coblentz*, à ce qu'apprend Mme de Larochejaquelein. Ils fuyaient par raison de sûreté, les gentilshommes bretons qui s'embarquaient en apprenant le départ de Varennes, tous ceux qui, pendant une année ou deux, se sont fait solliciter pour émigrer ; tous ceux qui, laissant leur argent, leur mobilier, sortaient dans la confiance de rentrer dans six semaines ! Il est des allégations que la pudeur devrait faire retenir, et garder d'exposer aux yeux du public. Quel tribunal admettrait des allégations de cette nature ? Quel prétexte à présenter pour le corps de la noblesse française, que celui d'être sortie par peur ? Je suis sûr qu'elle désavouerait les apologistes mal-avisés qui lui imprimeraient la tache d'une pareille excuse. Mais de la sortie précautionnelle à la rentrée armée, hostile, avec le but hautement déclaré de renverser l'ordre établi en France, quelle est la liaison ? L'un a-t-il pu servir de motif à l'autre ? Cette allégation n'est-elle pas contraire à la vérité historique ? N'est-elle pas démentie par les faits connus du monde entier ? L'émigration eût-elle accepté un pareil titre de sa sortie ? Depuis quand l'a-t-elle toléré, sinon en désespoir de cause, et par l'absence de tout motif réel ? Comme rien n'est plus flexible ni plus infatigable que l'intérêt, on ajoute, je l'ai souvent entendu, 1°. que l'émigration a été fomentée par les révolutionnaires du temps, pour s'approprier ses dépouilles ; 2°. qu'elle est sortie en vue des désordres de 1793.

Pour le premier point, il y a confusion entre deux choses qui n'ont rien de commun entre elles, et l'émigration s'approprie ce qui appartient à une autre époque et à d'autres hommes. Il est vrai qu'en 1793 et 1794, des hommes ont usé de ces hideux moyens : mais cette émigration est postérieure de deux et de trois années à l'émigration qui a eu lieu en 1791 ; elle était composée d'hommes qui n'appartenaient, sous aucun rapport, à la grande émigration. Cette allégation n'est donc pas recevable.

Pour le second point, comment les hommes qui sont sortis volontairement en 1790, 1791, pour des motifs dont ils tirent honneur, et dont ils veulent retirer récompense, peuvent-ils dire qu'ils sont sortis pour ce qui n'a eu lieu que trois ans après leur émigration? Il faut qu'ils renoncent à ce motif de leur sortie, ou bien à l'honneur des motifs de cette même sortie. Mais qu'auront - ils à dire à l'appui de leur assertion ; à l'aspect des monumens historiques des causes de leur sortie, donnés par les témoins pris dans leur propre sein, consignés dans toutes les pages de leur propre histoire ? Ce nouveau prétexte n'a donc aucune valeur, et nul tribunal ne s'y arrêterait un instant.

CHAPITRE XL.

Avantages retirés par l'Etat de la confiscation.

LE droit qui veille à la conservation de toutes les propriétés, défend celles des particuliers contre la société elle-même, et exige de celle-ci une juste et préalable indemnité pour les propriétés dont l'utilité publique exige le sacrifice; car enfin, un membre de la société ne se doit pas lui seul pour tous les autres. Le droit a donc mis une barrière entre la confiscation arbitraire, et la confiscation représentant l'indemnité due à la société pour l'acte qui la constitue en frais. Dans quelle catégorie est placée la confiscation de l'émigration? L'histoire est là pour l'apprendre; elle était la peine légale du temps; elle a été annoncée à titre d'indemnités pour la guerre qui pouvait avoir lieu; elle a été prononcée en raison de la guerre faite après cet avertissement: elle n'a donc pas été arbitraire. L'émigration a certainement été le principe de la guerre de 1792, et par elle de celles qui l'ont suivie. Une partie de l'émigration y a pris part sous les drapeaux de l'étranger.

Cette guerre a coûté à la France des sommes immenses ; elle est donc loin de s'être enrichie avec
les dépouilles de l'émigration. Si tous les comptes
étaient réglés, on verrait que la France n'a rien
gagné. Mais, en admettant que la vente de l'émigration lui conférât un droit d'indemnité sur la
France, le même argument serait bien plus fort
en faveur des autres catégories de dépouillés
qui n'ont pas induit la France dans aucune dé-
pense, tels que les prêtres déportés, les rentiers, les émigrés forcés ou fictifs ; leur dépouillement a été gratuit ; l'État n'avait rien à leur demander, ni à leur reprocher ; il n'a pu leur
opposer que ses convenances propres, au lieu
qu'il avait au moins, contre l'émigration, le titre
coloré de la guerre. Comment pourrait-on faire
valoir le droit de l'émigration, et ne pas tenir
compte de ceux des autres classes des dépouillés, et donner la préférence au droit faible
sur le droit fort ? La dépouille de l'émigration
n'a fourni à l'État qu'une ressource passagère et
bientôt consommée ; la suppression des dîmes et
des droits féodaux lui a ouvert une source de
richesses bien plus durables, et par là bien plus
abondante, en lui donnant la facilité d'élever les
impôts en raison des dégrèvemens que ces suppressions accordaient à la propriété foncière, et

du plus haut prix des terres, qui, en passant dans le commerce, ont porté à l'impôt indirect un tribut plus ample qu'elles n'auraient pu le faire avec le poids des anciennes charges. Cependant on ne dit pas à l'État : Vous vous êtes enrichi de ces suppressions. A quel titre donc le dirait-on en faveur de l'émigration ? Dans cette cause, le privilége se retrouve à chaque instant ; et ce qu'il a de plus choquant, c'est qu'il s'applique à la cause la moins favorable, comme il sera prouvé tout à l'heure.

CHAPITRE XLI.

Considérations d'intérêt public.

La question de droit est épuisée : cependant quoique le *droit* soit le maître des sociétés, il ne leur interdit pas les considérations d'utilité auxquelles elles peuvent se laisser aller dans la vue de leur propre avantage. Maîtresses d'elles-mêmes, les sociétés ne peuvent être bornées que par le *droit*, dans la recherche de leurs avantages ; elles ne sont tenues de s'arrêter qu'à cette limite. Ainsi, elles peuvent, même hors du *droit strict*, s'imposer des charges en vue de leur utilité. Alors c'est un avantage qu'elles acquièrent, et auquel elles mettent le prix.

Dans la question présente, on peut apercevoir trois motifs de cette nature : 1°. le désir d'effacer les traces de l'émigration, et, comme il a été dit, de fermer la dernière plaie de la révolution ; 2°. de rendre au sol l'uniformité, et toute sa valeur ; 3°. de soulager des infortunes grandes et nombreuses.

Dernière plaie de la révolution.

La France jouit de tout le calme qu'on peut lui désirer. En aucun pays, le gouvernement ne réunit plus d'attributs actifs de force, nulle part l'obéissance n'a plus de ponctualité ou de facilité. Que pourrait-on lui ajouter, et qu'a-t-il à désirer au-delà de ce qu'il possède ? Tout l'horizon politique de la France n'offre pas un seul nuage : jamais ciel ne fut plus serein, plus épuré des orages anciens, moins chargé de vapeurs propres à les renouveler : à cet égard, les vœux de tous les bons citoyens doivent être satisfaits. Les dissentimens n'éclatent point en actions, et sont concentrés dans l'ordre purement rationnel, celui des discussions privées ; encore quels en sont et le fond et la forme ? Restés, rentrés, tous

vivent confondus sans s'adresser un reproche ;
les anciens égards sociaux, qui d'ailleurs n'avaient
pas cessé d'être observés depuis 1800, ont repris
leur empire ; peut-être même se sont-ils fortifiés
d'une observance plus régulière, et enrichis de
nouveaux titres. Les émigrés y ont part comme
tous les Français ; il est sans exemple que, depuis
leur rentrée, ils aient été l'objet d'une parole
ou d'un fait désobligeant, du moins ne sont-ils
pas venus à ma connaissance. Accueillis avec
l'empressement dû au malheur, souvent même
aux bons souvenirs, le séjour des émigrés avant
la restauration fut aussi paisible qu'il l'a été depuis cette époque. On ne peut que s'applaudir
de cet état, et en féliciter la nation qui, par sa
sensibilité et son urbanité, après des querelles
si vives et si longues, a su le créer.

Sûrement c'est une pieuse pensée que celle
de fermer jusqu'à la dernière plaie de la révolution : ce serait une consolante pensée que celle
qui porterait à croire qu'il ne reste à en fermer
qu'une seule. Mais à quoi doit-on appliquer ces
paroles ? Est-ce aux personnes ? Mais que man-
que-t-il aux émigrés du côté de l'ordre public
et de la considération sociale ? Protection légale
comme tous les citoyens, honneurs sociaux ; où
se trouve pour eux un déficit ? Est-ce aux cho-

ses, telles que les propriétés des émigrés ? Mais, au lieu de perdre et de souffrir, elles ont acquis une valeur supérieure à celles qu'elles avaient, que l'on peut évaluer à un tiers. Où donc se trouve la plaie ? De plus, pour guérir une plaie, il faut bien se garder d'en ouvrir une autre. Les impôts sont aussi des plaies, et des plaies fort profondes, dont les nations peuvent ressentir de très vives douleurs. Quand les impôts sont montés à un point excessif, ils deviennent des plaies très sensibles, et dont la guérison est un devoir pressant. Si donc, pour fermer la plaie vraie ou supposée de l'émigration, il faut en faire une nouvelle, ou en continuer une ancienne, ce vœu, d'ailleurs fort respectable, ne pourra pas être rempli. Bien plus, la plaie sera étendue ; car elle était seulement celle de quelques membres de la société, et elle va devenir la plaie de la nation entière. Qu'aura-t-on gagné ? La justice permet-elle ce transfert de douleurs de l'un à l'autre ? Par le calcul bien facile à faire de l'état de l'émigration, il n'y a qu'un très petit nombre d'émigrés dans un état de souffrance ; le reste est dans l'aisance, dans la richesse ou dans l'opulence ; ces trois degrés sont marqués parmi elle. L'État leur accorde d'immenses dédommagemens par les emplois qu'ils occupent, et par les traitemens dont ils jouissent. Par l'ordre social, la richesse de toutes les classes finit par aboutir à l'émigration. La plaie personnelle n'existe donc pas. Mais en supposant sa réalité et sa guérison, s'ensuivra-t-il qu'il n'y aura plus de plaies à guérir? Mais les colons, les déportés, les rentiers réduits au tiers, les créanciers pour charges ou pour l'émigration payés avec les assignats; les hommes ruinés par la suppression des droits féodaux, les colléges, les communes, les hôpitaux dépouillés de leurs propriétés, n'ont-ils pas aussi des plaies à guérir? La guérison de l'émigration renferme-t-elle aussi celles-là? Par conséquent, cette considération ne peut être d'aucun poids dans cette question. Hélas! la France en a pour long-temps avant d'effacer toutes les traces de la révolution, et la guérison de l'émigration faite à ses dépens, lui laissera beaucoup à faire pour parvenir à la guérison de la dernière plaie de la révolution. Au reste, il est évident que la vue d'une plaie guérie de cette manière, en fera rouvrir beaucoup d'autres qui étaient oubliées. La plaie véritable de la France n'est pas là, mais *dans le milliard d'impôts qu'elle supporte* (1), et dont la

_____

(1) Les budgets des départemens et des communes réunis avec le budget général de l'État.

prétendue guérison de la dernière plaie, au moyen
de plusieurs centaines de millions ajoutés à la
charge existante, augmentera le poids, ou retar-
dera la libération. Ce sont des topiques et des
guérisons bien chères que celles qui coûtent des
centaines de millions! Il faudrait voir, de plus,
si la dernière plaie faite par la guerre invoquée
par ceux dont on veut guérir la plaie, est aussi
guérie chez le peuple qui a supporté le poids de
cette guerre.

Ce mot a été beaucoup répété, et même
à la tribune. Cette répétition est l'effet et la
preuve d'une habitude invétérée parmi nous depuis trente ans : *La France devient le pays
des mots d'ordre.* Dès qu'un mot est venu de
haut, c'est à qui s'en emparera, à qui le placera
à tort ou à raison : il circule, il s'établit dans
le monde, il dispense de réflexion; et ceux qui
en usent se réveilleraient comme d'un profond
sommeil, si on leur présentait des observations
dont ils ne soupçonnaient pas la possibilité, au
milieu de leurs répétitions du mot à la mode. Cet
état est singulier, et malheureusement il est le
nôtre. Il serait du bon esprit et de notre intérêt
d'en sortir.

CHAPITRE XLII.

Intérêts du Sol.

Le sol de la France a acquis un grand accroissement de valeur depuis la révolution. L'amour ou la haine de la révolution ne font rien à la vérité de cette assertion : c'est un fait qui frappe tous les yeux. La division de la propriété, l'intérêt du propriétaire *présent* ont fait cet accroissement. Qu'a donc de commun avec l'intérêt du sol dans cet état prospère, la question de l'indemnité ? Le voici. On dit, 1°. En France, la propriété porte un double titre qu'il est bon d'effacer ; 2° le titre de *nationale* fait tomber la valeur de la propriété au-dessous de celle des propriétés patrimoniales : il est bon de la relever.

1°. La distinction du titre des propriétés par elle-même n'a aucun inconvénient ; il est purement nominal. Qu'importe qu'une chose porte un nom ou bien un autre ? La valeur seule est à considérer ; le titre la désigne et ne la fait pas ; il y a de la marchandise à tout prix, il doit y avoir des noms pour les désigner toutes. Prohi-

bér la différence des titres, n'est pas empêcher
la différence des valeurs; cela est au-dessus des
lois. Qu'importe à l'État qu'on lise au coin des
rues, *propriété patrimoniale ou nationale à vendre?* Depuis trente ans, quel mal en est-il ré-
sulté? Ce motif n'a donc aucune valeur.

2°. Sûrement c'est un grand bien pour un État
que de ne rien perdre sur la valeur de son sol ;
comme les particuliers s'imposent des sacrifices
pour ajouter à la valeur de leurs propriétés, ou
pour la leur rendre quand elles l'ont perdue, de
même les États ne doivent pas se refuser aux
mêmes charges pour relever la valeur de leur
sol. Il y a là une vue élevée et très conforme
aux intérêts publics. Dans ce cas, il ne s'agit plus
que de la proportion de l'avantage avec le sacrifice pour l'obtenir. Appliquons cette règle au cas
présent.

Le sol *vendu* se divise, comme celui qui ne l'a
pas été, en deux parties : la première, celle qui
n'est pas à vendre, sur laquelle le propriétaire
vit ; la seconde, celle qui peut être vendue. La
propriété vendue a été fort divisée : la plus grande
partie est possédée par le peuple; il ne l'a pas
pour *vendre*, mais pour *vivre*; il ne le vend qu'à
la dernière extrémité : telles sont les mœurs générales du peuple relativement à la propriété.

Un très grand nombre de propriétaires plus ai-
sés ou riches possèdent également ces biens : ils
les ont améliorés, métamorphosés : ceux-ci sont
encore hors du cours ordinaire de la mise en vente.
Le produit de ces propriétés n'est pas altéré par
la qualité de national ; on l'afferme ; elle rend
autant sous ce titre, qu'en dehors de ce titre.
Sous tous ces rapports, l'État n'est pas affecté,
il ne peut donc l'être que par le bas prix des
biens qui peuvent être à vendre. Ici se présente
un simple calcul à faire. Combien coûtera l'indemnité ? combien perd le sol à vendre ? Voilà
toute la question. Si l'indemnité surpasse beaucoup le produit de la compensation que l'on attend d'elle, il faut bien se garder de l'acquérir
à ce prix, l'État serait lésé. Quel est le propriétaire et l'économe qui voudrait procéder ainsi ?
Mais il y a plus ; et puisqu'on a soulevé cette
question, par là même on a autorisé à l'examiner sous tous ses rapports, et à demander en
conséquence si l'on est bien sûr d'atteindre le
but que l'on se propose de niveler la valeur du
sol, et s'il n'arrivera pas qu'en le relevant d'un
côté, on le fera baisser de l'autre. En effet,
l'exemple une fois donné, et la dépréciation
du sol motivant l'indemnité, qui empêchera les
intéressés à d'autres indemnités de ne pas tra-

vailler à déprécier le sol qui supportait les dîmes, les droits, les banalités ? à quel titre le
motif valide pour motiver une première indemnité, serait-il invalide pour l'autre ? et, dans le
fait, quel motif de justice peut-on faire valoir
d'un côté, qui n'appartienne également à d'autres ? On peut s'en rapporter à l'intérêt pour y
travailler, il est habile et persévérant ; qu'à son
tour il parvienne à former une opinion dépré-
ciatrice de cette propriété, cette opinion agira en
dehors de la loi, et peut-être, avec le temps,
au-dessus d'elle ; et alors on verra les fruits de
cette première indemnité. Ces considérations conduisent à demander si une indemnité pécuniaire est réellement le seul moyen de réinté-
grer la propriété dans toute sa valeur. Pour
cela, il faut commencer par fixer plusieurs points.
1° Quelle est la quotité de la perte ? De quelle
époque date-t-elle ? Qui l'a amenée ? N'est-il
pas d'autres moyens de la réparer ? Les biens
confisqués en France avant la révolution ont-ils
une valeur égale à celle des autres ? En Angleterre, l'effet des confiscations qui ont frappé
ce pays pendant deux cents ans, se fait-il encore ressentir aux propriétés ? Les biens des
protestans confisqués sous Louis XIV, ont-ils
la valeur commune à tous les autres ? Quelles

causes ont rétabli l'équilibre parmi eux ? Si c'est le temps, la fermeté à repousser toute demande, tout rappel du passé, à maintenir ce qui est fait, pourquoi ne pas se fier chez nous aux mêmes mobiles, et pourquoi leur préférer une imposition de plusieurs centaines de millions sur la France entière? Depuis quelque temps, on entend invoquer à tout propos les intérêts du sol et de l'industrie; on dirait que, pour fleurir, ils n'attendent que l'adoption de telle ou telle mesure. L'intérêt particulier se couvre ainsi du manque de l'intérêt général. Lors de la proposition de la loi *des rentes*, les amateurs faisaient sonner bien haut les progrès que son adoption ne pouvait manquer de faire faire au sol et à l'industrie. La vérité est qu'ils n'y auraient pas gagné *un centime*, et que la perte était certaine. La France élevait sa dette de 900 millions, et c'était tout ce qu'elle avait à gagner à cette opération. Il en sera de même ici. Le sol n'a rien à gagner, peut-être même perdra-t-il par les prétentions de même nature qui seront soulevées d'après l'exemple de l'indemnité épuratoire appliquée aux propriétés des émigrés, mais la France sera imposée de plusieurs centaines de millions à répartir entre les intéressés à cette question. Le *sol* n'est pour rien dans tout cela, et son intérêt prétendu n'est en réalité que de l'intérêt personnel, qu'on fait valoir au détriment positif de la France. Cette allégation *du sol et de l'industrie* est encore *un de ces mots d'ordre* si communs parmi nous, et dont chacun, dans son intérêt, use à son tour.

CHAPITRE XLIII.

Vœux des acquéreurs. — *Réparations obtenues par le commerce.*

ON allègue que les acquéreurs eux-mêmes désirent l'indemnité. Cela se peut croire facilement; ce vœu ne les ruinera pas. En effet, que demanderaient-ils par là? que la totalité de la France contribuât à affranchir leurs acquisitions; sûrement cela leur paraîtrait doux; mais pourquoi, au même titre, les acquéreurs des biens ecclésiastiques, et les propriétaires de tous les biens exonérés des redevances, ne formeraient-ils pas la même demande? La France sera-t-elle obligée de s'imposer de nouveaux tributs pour la plus grande sécurité de tous ces hommes? Le commerce, ajoute-t-on, a reçu des réparations; qu'est-ce à dire? Est-ce donc que le commerce en

corps a été confisqué ou remboursé en assignats ? Ce sont les commerçans individuelle-
ment. Le commerce a récupéré par son travail ;
cela éteint-il le titre légal des individus lésés à
des réparations ? Depuis quand n'est-il rien dû à
un homme, parce qu'il a su travailler pour réparer ses pertes ? La noblesse *en corps* n'a pas
été confisquée, mais bien les individus nobles
émigrés. Que diraient ceux-ci si on leur répondait : *Il ne vous est rien dû, la noblesse a récupéré.* D'ailleurs, dans ce système, du moment
qu'un émigré aurait récupéré, qu'il aurait reçu
des réparations, il serait hors de la question de
l'indemnité, et je ne sais pas jusqu'à quel point il
s'accommoderait de cette doctrine.

Je ne me suis arrêté sur des objections aussi
futiles, que pour me soustraire au reproche de
rien omettre, car elles ne sont point, par elles-
mêmes, dignes de fixer l'attention du lecteur ; il
ne peut qu'y trouver une nouvelle preuve de la
faiblesse de cette cause.

En vérité, à mesure que l'on écoute les avocats
de l'indemnité, ou les aspirans à l'indemnité, on
dirait que les règles du droit n'existent pas, ou
que chacun peut faire le droit dans son intérêt.